リピート率80%

心をつかむ 接客術

指名・リピート率No.1
カウンターシェフ直伝

仲亀 彩
Nakagame Aya

ぱる出版

恩師　斉藤料理長に捧ぐ

はじめに

本書を手に取っていただき、ありがとうございます。

この本を手に取ったということは、あなたには今、接客や集客に関して、気になることや悩みがあるのだと思います。それは、どんなことですか？

お客様と何を話していいかわからない、難しいお客様にどう対応していいかわからない、お客様のリピート・リターンが少なく集客に困っている…などでしょうか。

特に今は新型コロナウイルスの影響で、接客業は変化の渦中にあります。インターネット販売や、アプリを使った宅配サービスの普及などにより、直接対面で接客する機会がぐんと減りました。その傾向は今後ますます進んでいくと思います。

今までと同じことを同じようにしているだけでお客様が来てくれる時代は、もう終わりを迎えています。私は、これからの対面の接客業は、お客様に「あなたからサービスを受けたい」という気持ちをつくり出せるかどうかにかかっていると思います。

それには、今の接客で何が足りないのか、何が必要なのかを考えてみる必要があります。本書には、そのためのヒントを詰め込みました。工夫できるところはたくさんあるので、ぜひあなたの接客に役立ててください。

申し遅れました。私は仲亀彩と申します。15歳からアルバイトで接客業をスタートし、さまざまな業種でのべ15万人のお客様を接客してきました。現在は、外資系一流ホテルの鉄板焼レストランでシェフをしています。そして、ありがたいことに何年もの間、指名・リピート率Ｎｏ・１を維持しています。

そんな私も、幼い頃は人見知りで口下手でした。今も人見知りで、初めて会う人には緊張します。ですが、接客業のおかげで、仕事の時はそんな自分が変わることができます。それは、お客様に対してできることを考え、行動しているからです。

最初から上手くはいきませんでしたが、こんな風に伝えてみよう、こうしたらお客様が喜ぶのではないか、ということを何度も失敗しながらやり続けました。いつも、お客様がどんな風に過ごしたいのか、どうすれば喜んでもらえるのかを最優先に考えてきたことで、今の私があります。

また、この本に書いたいくつもの教えを、私は鉄板焼の師匠である故斉藤料理長から学びました。この本が生まれたのは、彼から教わったことを、どうにかして世に残したい、私の心だけに留めておくのは本当にもったいないと強く思ったからです。その想いがこの本をつくる原動力となりました。

本書では、そんな私が、お客様に「あなたからサービスを受けたい」と思ってもらう為に必要だと考えることを書きました。実際に現場で働くサービスマンだからこそ書ける実践的な内容を、第1章から第6章にかけてレベルアップしていく形で構成しています。また、普段職場では教えてもらえないようなこともたくさん盛り込みました。

本を読むだけではなく、実際に活用し、学んだことを現場で実践することでしか人は変わりません。ぜひ今日から、1つでもいいので取り入れてみてください。
あなたの接客が変わることを、心から願っています。

2021年5月

仲亀　彩

心をつかむ接客術

Contents

第1章 驚くほど簡単にできる魔法のテクニック

第2章

お客様を知って自分のレベルを上げるコツ

第3章

100倍差がつく「振り返り」の秘密

第4章

お客様に気持ちよく過ごしてもらう極意

第5章

リピート客のつくり方

第6章

「あなたに会いたい」の生み方

装丁　西垂水敦・松山千尋（krran）
写真撮影　株式会社トータルクリエイツ　坂口康司
本文デザイン・DTP　松好那名（matt's work）
企画協力　ネクストサービス株式会社（代表 松尾昭仁）
編集　岩川実加

第1章

驚くほど簡単にできる魔法のテクニック

1 お客様を一番大切な人だと思って接する

私が師匠から学んだ接客の教えで、最も深く心に刻まれているものは、**「目の前のお客様を自分の一番大事な家族だと思って接すること」**です。

「家族だと思うなんてそんなの難しい」と思ったかもしれません。もちろん、お客様が本当に家族であるわけでなく、そうだったらと思って接するということです。

お客様を最も大切な人だと思った場合、接し方はどうなるでしょうか？　父母・兄弟姉妹・パートナー・子どもが来てくれたことを想像してみてください。今、あなたはどんなことを思い浮かべましたか？

「来てくれた、嬉しい」と思うと同時に、「喜んでもらいたい」と思ったのではないでしょうか。

具体的にどんなことを考えるかというと、

・提供するサービスをもっと相手の好みに近いものにしたい
・こんな機会はなかなかないから、いいところを見せたい、頑張ろう
・せっかくだから、いろんな話がしたい

このような気持ちが生まれてくるでしょう。

すると、あなたの発言や行動が、自然と変わってきます。

このように、**自分が相手を思うことで自然と生まれる感情を、お客様に対して持ちたい**ということです。


ではどういう状態だと、そのような相手を思う思考は生まれやすいでしょうか？

それは、緊張している状態や追い込まれている状態ではなく、普段に近い状態の時に、生まれてくるものなのです。

・間違えないようにしないと

・上司に怒られないようにしなきゃ
・忙しすぎて目の前の仕事をこなすので精一杯
・今日も一日問題が起きないようにしなければならない

こういったことを考えていると、思考の容量は、ほぼそれで埋まってしまいます。
これでは、目の前のお客様に家族のように接するのは難しいですよね。

では、どうすればいいのでしょうか？
それは、**緊張しない状態を自分でつくる努力をする**ことです。
緊張してしまう原因の１つに、「お客様をお迎えする準備がまだできていない」ことがあります。したがって、**お客様を迎える準備を万端にしておけばいい**のです。

こう言うと、なかには「緊張」と「準備」が結びつかず、どういうことだろう？と思った人もいるかもしれません。

私が考える接客業の準備は３つあります。

それは、【物理的な準備】【会話の準備】【心の準備】です。

【物理的な準備】とは、文字通り提供するサービスそのものの準備です。これは、職場で先輩・上司から教わることができる準備です。

では次に、【会話の準備】です。今まで、会話の準備をしたことはありますか？もしなければ、次のページから一緒に学んでいきましょう。どんなお客様とも、３つ以上話すネタが常にある人は、飛ばしていただいても大丈夫です。そうでない人は、さまざまなお客様が来ても緊張しない会話のネタ作りを学んでいきましょう。

これをマスターすると、いろんな人と会話ができるようになり、あなたの接客レベルが上がり、どんなお客様にも対応できるようになります。

Point

お客様を一番大切な人だと思って接するために、準備を万端にしておく

2 どんなお客様とも話せる会話のネタ1

それでは、本題に入っていきましょう。

【会話の準備】を最初にお伝えしたいのは、私が今まで接客業に携わってきた中で、これが一番の悩みだったからです。

20代の頃の私は、「いらっしゃいませ」のあとに続ける言葉が見つからず、ずっと悩んでいました。周りの先輩はスラスラとお客様に言葉を投げ掛けられるのに、自分はできない。天気の話をしても、それだけで終わってしまい、全然会話が続かない。どうしてなのだろうと悩んでいました。

今ではその答えがわかります。それは**圧倒的準備不足が原因**です。

私は15歳からアルバイトで接客業をスタートしました。喫茶店・中華料理屋・居酒屋・テレアポ・デモンストレーター・エステティシャン・医療の受付・ライブハウスの受付・バーテンダー・カウンター調理など、いろいろな場面で、さまざまな方に接客をしました。今は外資系一流ホテルでお客様と対面で会話をしながら、客単価5万円の高級料理を提供する鉄板焼のシェフをしています。

この22年の接客業人生で辿り着いた答えが、**会話のネタは「事前に考えておくと困らない」**ということです。なんだ当たり前じゃんと思ったかもしれませんが、あなたは今、お客様と会う前にその日の会話のネタを考えていますか？

もし考えていなければ、ぜひマネしてみてください。これをしておくだけで、あなたが今よりずっと楽になるのです。多くの職場では、お客様が来てからの細かい仕事やマニュアルの会話は教えてもらっても、一般的にフリートークと呼ばれる自由な会話の内容や話し方は、なかなか教えてもらえません。さまざまな接客業の方からよく相談されるのが、「お客様と何を話したらいいのか、わからない」ということです。

私が鉄板焼のシェフになれたのは、師匠である先代の料理長との面接がきっかけでした。

「君は話が上手だね。お客様との対面での仕事ができると思う。鉄板焼のシェフの仕事は大変だろうが、やってみないか？」と言われ、当時平均年齢50歳、全員が男性という中で、20代で女性という極めて稀な存在として抜擢されました。

会話の上手さが評価され、高級ホテルの花形である鉄板焼のシェフになることができたのです。会話の力を実感した瞬間でした。

これから、22年間の接客業人生で学んだ会話の秘訣をお伝えします。

どんな人とも話すことができるようになる会話のネタは3つあります。

1つ目は、時事ネタです。

定番であるその日の気温や天気の話は、「そのあとの話が続かないから、しない方がいい」という考え方の人もいます。しかし、私は初対面の人と話をする一発目のきっかけとしては、もってこいだと思います。

まずは会話をしながら、お客様との「共通ネタを見つける」必要があります。あなたもお客様も初めて会った者同士。お互いのことを何も知らない状態です。ですので、まずは同じくらいの認識のことから話してみましょう。これを話しながら、次のネタへとつなげればいいのです。

時事ネタの王道は、新聞の一面やネットニュースのトピックに上がるような話です。これは知っている人が多いのでハズレにくいです。携帯に通知が来る設定にしている人も多く、たとえ見出しを見ただけだったとしても、なんとなーく話すことができます。あなたが詳しく知らなければ、お客様に「詳しくないので教えてください」と話を続けることもできますし、あなたが知っていることは、お客様に教えることもできます。

Point

どんなお客様とも話せる会話のネタは、時事ネタが王道

3　どんなお客様とも話せる会話のネタ2・3

私の会話における疑問と悩みは、お客様の反応がそれぞれで全然違うことでした。当時、お客様に話す内容をその場でパッと思いつかなかった私は、自分が話しやすい「声かけ質問リスト」を作っていて、それに沿って質問を投げかけていました。

ところが、話が弾むお客様もいれば、「あ、はい」と素っ気ない返事が返ってきて会話が終わってしまうお客様もいる。この差はなんだろうと思っていました。

今思い返すと、プライベートにガンガン踏み込んだ質問をしすぎていたんだと思います。言うならば、相手が準備運動ができていない状態で、直球ストレートの球をいきなりバンバン放り投げるようなものです。あるお客様は快く答えてくれても、これでは大抵のお客様のヒットを生むことはできません。**会話にも準備運動が必要なのです。**もし私が今、新しい質問リストを作ったら、全く違うものになるでしょう。

その1つが、時事ネタということを前項でお伝えしました。

時事ネタの補足で、そのシーズンの「イベントごとの話」も、お客様への質問とあなた自身の話を考えておくといいと思います。

夏だったら、「夏休みはどうされるんですか?」「海に行きますか?」「お子様と花火されますか?」といった内容です。

注意したいのは、時事ネタでも政治でその人の意見を聞くような質問は極力避けるべきです。非常に繊細なことですので、こういった話は仲間内だけにしましょう。

では、2つ目のネタです。**2つ目は、商品や店、あなたがしているサービスの話です。**

・今ある商品やメニュー、レッスン、プログラムの話
・新商品や新サービスの話、その販売開始時期、既存のサービスの終了時期
・サービスを受けている他のお客様やスタッフの話
・こだわりの材料、道具、オリジナルサービス、プライベートブランド、内装、外装の話

商品、店、サービスに関わる話は、お客様と最も共有しやすいものの代表です。これはあなたがお客様に提供できる「共通ネタ」です。興味があるかどうかわからない話より、お客様も断然受け入れやすいものです。またこれをどう話すかによっても、売上やお客様がそのサービスのファンになるかどうかが変わってきます。

3つ目は、あなた自身の話です。これは掘り下げすぎないものにしましょう。たとえば、最近あったことや、出かけた場所、見たもの、食べたもの、買ったものなどについて話すのがオススメです。ただし、公共の場でしづらい話は避けましょう。

また、あなたがそこで「働くようになったきっかけ」「いつから働いているのか」「働く中でどう思うか」なども考えておくといいでしょう。あなた自身に興味を持たれて、質問されるお客様もいると思います。

会話のネタは、以上の3つになります。これら3つのネタ全部に言えるのは、お客様の年代にかかわらず話ができるということです。

そして**ポイントは、これらの話を組み合わせてする**、ということです。店の話ばかりされても、お客様はセールスされているように感じますし、自分の話ばかりされても、よほど親しくない限りは面白くありません。お客様を飽きさせないように、あなたが考えておいた話題をポンポン話していきましょう。

オススメなのは、話の締めくくりをポジティブに終えること。お客様はもちろん、自分も気持ちがいいです。私は、これができた時に、うまく話せたなと思います。

これをベースに、今日から自分が話しやすいことを用意する習慣をつけましょう。

会話は恋愛と一緒です。相手とよく知り合っていない、情報が少ない状況で、いきなり「好きです」と伝えても、玉砕することは目に見えています。

会話の準備をして、お客様との楽しい時間を自分からつくっていきましょう。

Point

どんなお客様とも話せる会話のネタは、商品・店・サービスの話とあなたの話

4 お客様を歓迎する「いらっしゃいませ」

あなたはお客様が来店された時、ビクッと驚いてしまったり、思いのほか声が出ず、（どうしよう…今、全然声が出てなかった、でも言い直すのも変だし…）と思ってそのまま接客に入ってしまったりして、後悔した経験はないでしょうか？

お恥ずかしいことに、私は過去にそんな経験が何度もあります。


どの接客業でも、「いらっしゃいませ」に相当する言葉をまずお客様にかけます。ですが、上手く言えないこともあると思います。

予期していなかったお客様の来店で、「いらっしゃいませ」を無理に言おうとすると、勢いで言ってしまったり、もしくは口の中でモゴモゴ言ってしまったりします。

これは他のスタッフに聞かれていたら、大変恥ずかしく、情けない挨拶です。

最初の入りで失敗してしまうと、自分のテンションが上がりません。すると、なんとなくお客様も居心地の悪さを感じ、コミュニケーションがうまく取れないまま、退店の時間を迎えてしまうことがありました。そんな時は、お客様がお帰りになった後、失敗した自分に愕然としていました。

この失敗は、私の場合は開店直後の1人目のお客様の時に多いと気づきました。それというのも、開店準備がいつも時間に追われてギリギリになり、開店してもまだ準備の作業をしていたからです。**【物理的な準備】が終わっておらず、お客様を迎え入れる【心の準備】ができていなかったのだから、当然**です。

また、お客様が誰もいなくなって、ふいに新規のお客様が来店した時も、そうなりがちでした。誰もいなくなり、緊張の糸がプッツリ切れてしまっている時にお客様が来店したので、迎える心の準備ができていなかったのです。

接客業において、お客様がいない状態というのは、どうしても緊張感がなくなりやすいと思います。

たとえば、出勤したての時間はコーヒーを飲んだり、緩みながらスタッフと談笑したりすることもあるかと思います。それ自体は悪いことではありません。しかし、開店準備や仕事の準備ができていない時は、**何よりもまず、開店準備、仕事の準備を完了させる必要があります**。そのためには、職場に到着するまでの間にその日の段取りを組み、最初から全開でバチッと働くようにしましょう。

それだけで、お客様がいらっしゃる頃には、あなたに心の余裕ができ、いつ来店されてもいい状態ができるのです。

お客様を迎え入れるための準備は、すぐにはできません。【物理的な準備】を済ませ、【心の準備】をする時間をつくります。

そうすると、落ち着いてお客様をお迎えすることができ、お客様を歓迎する「いらっしゃいませ」が生まれるのです。

Point

お客様を歓迎する「いらっしゃいませ」が生まれるのは、心の準備ができてから

5 お客様に提供するサービスを実際に体験する

業種にかかわらず、私が接客のコンサルタントをしているどの店にも、必ずアドバイスすることがあります。それは、**スタッフ1人1人が、その店のサービスを受ける時間をつくる**ことです。

意外となさそうであるのが、スタッフがサービスを体験したことがない実態です。「新メニューの味がわからないけど、なんとなく話せばいいや」「働いている時間にわざわざ時間を取って、サービスを受ける暇なんてない」などの声も、数々の現場で聞きました。私も実際に働いているので、忙しいことを理由にやらない、できないという気持ちもわかります。

しかし、どんなに忙しかろうが、コストがかかろうが、「働いている人が、自分が提供しているサービスを受けたことがない」というのは、接客をする上で問題外です。

飲食店であれば、提供しているメニューの試食や試飲をする。美容院やネイルサロン、エステサロンなどであれば、他のスタッフに施術をしてもらう。

そのような仕組みがないところは、飲食店であれば「味見をさせてください」、美容業やトレーナー業、小売業などであれば「体験したことがないので、試してみたいです」などと自分から聞いてみましょう。

オーナーや責任者からすると、スタッフにサービスを受けさせるのは、痛い出費だと思うかもしれません。少ない人数で売上を上げないといけないのに、わざわざ勤務時間を使って、スタッフにサービスを受けさせる必要があるのか？　とも思うかもしれません。

しかし、オーナーや責任者の方は、騙されたと思って、この時間を勤務時間内に設けてください。あらかじめスタッフの勤務日、勤務時間内にスケジュールするのです。**この時間を設けることで、スタッフの提供するサービスの質はグンと上がります**。間違いありません。私が保証します。

では、なぜそうなるのか。

仮にスタッフがそのサービスを受けたことがないとすると、スタッフは自分の想像でお客様にサービスを提供することになります。多くは、先輩や上司から教わった定型文をお客様に伝えるでしょう。これでは、お客様に印象を残す言葉にはなりません。例えるなら、ビジネスメールの定型文のようなものです。「お世話になっております。」の文章に、刺激を受ける人はいないでしょう。

ではサービスを受けると、どう変わるのでしょうか?

実際に体験することで、どんなに些細なことでも、自分の感想というものが生まれます。これが大事なのです。「初めて食べた味だった」「マッサージを受けていて、あまりに気持ちよくて寝てしまった」「自分には合わないな」など何でもいいのです(もちろん、お客様には、自分が抱いたネガティブな感想は伝えないようにする必要はありますが)。

自分の感想を持つと、「お客様に提供する際に意見を添える」ことができるようになります。あなたの生の声をお客様に届けることができるのです。生の声は、自分が実感しているので自信を持つことができ、ボソボソしゃべりになりづらく、声が大きくなります。この**定型文でないサービスの紹介は、印象を残す言葉となり、お客様の記憶に残る**のです。

またスタッフそれぞれが、自分が感じたことを話し合う機会も設けましょう。これは別に何時間も取る必要はありません。それよりも、新しいサービスや新しいスタッフが入った時に、定期的に実施することが大切です。

お客様に提供するサービスの向上のためには、スタッフがそのサービスを受けて感想を持つ、という機会を加えるようにしましょう。

Point
お客様に提供するサービスを実際に体験すると、質がグンと上がる

6 仕事の時はまっすぐ前を向いて歩く

あなたは無意識に下を向いて歩いていることはないですか？

私は普段、考え事をしながら歩いている時に、斜め下を向く癖があります。仕事の時でも、よほど気をつけていないと同じように下を向いてしまいがちです。

もう何を言いたいか、おわかりかもしれませんが、**お客様がいるところで下を向いて歩く、下を向いて立っているのはＮＧ**です。

習慣ですので、私と同じような癖がある人の気持ちはよくわかります。でも、それは改善の必要があります。

これは何も接客業の人だけではなく、他業種の人にも言えます。

例を出してみましょう。あなたが取引先の人と待ち合わせをしているとします。

ZOOMで何度か話をしているけど、直接会うのは初めてです。待ち合わせの前に、たまたまあなたが下を向いて歩いているのを見かけた場合、相手はどう思うでしょうか？

アレ？　あの人暗いのかな？　今日の話が嫌なのかな？　それとも自分と会うのが嫌なのかな？　このように、相手の人はどことなーくネガティブなイメージを持つでしょう。

接客業では、バックヤードやパントリー・厨房などにいない限り、**スタッフはお客様から常に見られています**。逆に、「常にお客様を見ていないといけない職業」であるとも言えます。これは、第2章で詳しくお話しします。

お客様からいつも見られていると思うと、怖くて下を向いて歩くことなんてできません。

また、我々は、**お客様だけでなく、一緒に働く仲間からも見られています**。下を向いて歩いているスタッフを見たら、周りはどう思うでしょうか？

疲れたのかな？　仕事がつらいのかな？　プライベートで何かあったのかな？　そんな

風に思われてしまうでしょう。経営陣が見たら、たったそれだけでダメなスタッフと認識されてしまうかもしれません。

さらに、**下を向いていると、メンタル面でもポジティブになりづらいものです。**あまり下を向いていると、どんどん暗い気持ちになってきます。

仕事の時はまっすぐ前を向いて歩きましょう。そうすることで、あなたの印象は劇的に変わります。これは、気をつけさえすれば、今からでもできることです。

そして、最終的には、仕事中はいつも自分を客観的に見られるようになること。これができるようになれば、あなたのレベルはどんどん上がり、それに伴いポジションもおのずと上がるでしょう。

Point
仕事の時はまっすぐ前を向いて歩くと、印象が劇的に変わる

7 お客様が来た時の2つのスタンバイ

お客様が来店されたら、いよいよ接客の本番です。まずは、オーダーを受けたり、お客様の欲しいサービスを確認したりします。欲しいものを聞いたら、スタンバイのスタートです。

ここでするスタンバイは、２種類です。

1つ目は、お客様の立場に立った準備。あなたがお客様の立場になって、受けるサービスに必要なもの・必要なことをスタンバイします。

お客様の立場になって考えることで、忘れや漏れを防ぐことができます。

たとえば、飲食店でラーメンとピザを食べる場合。ラーメンは箸だけでなくレンゲも必要だから、忘れずに準備する。ピザは手を使って食べるものだから、途中で替えのお手拭きも用意する。このように、自分が食べることをリアルに想像して、スタンバイします。

美容院でカットとカラーリングをする場合。お客様の首に巻くタオルやケープ、ハサミ、くし以外に、カラー表や雑誌も用意します。

ジムのトレーナーなら、ロッカーの鍵、レンタル衣類やタオル、水などの準備の他に、お客様のデータを見ながら、器具の高さや重さの調整をします。

私がこのスタンバイの時にしているのは、心の中で「○○オッケー、○○オッケー」など、1つ1つ確認して、どんどん準備を進めていくことです。

2つ目は、あなたがお客様にサービスをするための準備。あなたがお客様に提供するサービスについて、「どのタイミングで、何をするかを考える」ことです。

そのためには、流れを確認することが大切です。このタイミングでこれを提供し、この時間にお客様とコミュニケーションをとる、といったことを考えるのです。

たとえば、飲食店で新規のお客様と、料理をこれから提供するお客様が同時にいらっしゃる場合。料理が仕上がる直前に新規のお客様が来たら、まずは新規のお客様にお待ちいただくよう声をかけ、次に料理を提供する。それから新規のお客様を席にご案内する。そういったことを想定します。

ジムでベンチプレスをする場合。まずはその日のお客様の状態から、体調をみる。そして次の重りを決め、用意する。さらに、会話の中からその日のお客様の状態を探り、インターバルを決める。そのような一連の流れを確認します。

このように、**作業の細かい流れをしっかりと理解していることによって、どのタイミングで何をするかの順位をつけることができます。**

お客様の立場に立った準備と、自分がサービスを提供するための準備。それぞれ2つの視点でのスタンバイをすることによって、お客様に提供するサービスの質を上げることができます。

Point

お客様の立場に立った準備と、自分がサービスを提供するための準備をする

8 ヒアリングの大事な3ポイント

お客様にサービスを提供する際に、我々が知る必要のあることは3つあります。**それは「何を・いつ・どのくらい」です。**

当たり前ですが、これをしっかりヒアリングできていれば、接客での大事故はほとんど起きません。逆に、このどれか1つでも聞いていないと、大きなミスにつながってしまいます。

私が20代の時にあった話を聞いてください。

仕事の休憩時間に、ランチを召し上がりに来たお客様がいました。そのお客様は、ドリンク付きのランチを注文されました。飲み物がホットコーヒーだったので、私は何も聞かずに食後に提供しました。すると、お客様の休憩時間ギリギリになってしまい、大慌てで店を後にされたのです。

私が飲み物を提供する時間をきちんと聞いていれば、お客様は急がずに済みました。今思い返しても、申し訳なかったと反省している出来事です。

このように、接客業では、**当たり前だと思っている自分の思い込みを捨てることが重要**です。

また、お客様の中には、これまで一度も聞いたことのないようなことを言う人もいます。

ステーキの焼き上がりを一般的に分けると、レア・ミディアム・ウェルダンです。細かく分けるとミディアムレアなどもありますが、それはレアとミディアムの中間という意味です。

鉄板焼の仕事でお客様から、「生っぽいのが好きなので、レアでお願いします」と注文を受けました。これだけ聞いたら、そのままレアで焼くと思います。レアというのは、お肉の表面に焼き色があり、中の部分が温かい状態のことをいいます。

しかし、より火を入れない焼き方で、ブルーという状態もあります。それは表面だけ焼き、中は冷たい状態。お魚の炙りを想像していただくとわかりやすいでしょう。

そこで、このお客様からよく話を聞くと、そのブルーよりもさらに火を入れないで焼いて欲しいということでした。

私は9年間で7万人の方にお肉を焼いてきましたが、初めての経験でした。

お肉は焼いてしまったら、元には戻せません。ですので、これでもかというくらい尋ね、お客様の理想に近いものを目指します。

誤解が生まれないようにするには、**時には少ししつこいくらいヒアリングをすることも必要**です。

お客様にきちんと尋ねることで、お客様が求めているサービスを、求めている理想により近づけることができるのです。

Point

ヒアリングの大事な3ポイントは「何を・いつ・どのくらい」

9 提供するサービスをしっかり伝える

これは結論から言うと、**あなたが提供するサービスの説明を要約しない**ということです。

我々は、出来上がったマニュアルがない場合、お客様にサービスするものの説明を自分で考える必要があります。

私が鉄板焼のシェフになった当初は、説明を考えるのに頭を悩ませました。そして、考えた説明を忘れないように、メモをして持ち歩きました。

1回目にお客様に説明した時は上手くいきませんでしたが、何度か説明するうちに慣れてきて、30回も説明する頃には、すらすら言えるようになりました。お客様にもその説明で納得してもらえていました。

ところが、1000回目になると、私は説明するのに慣れきってしまい、お客様の反応の強いところを選び、サービスの要点だけを話すようになりました。

これでは、最初に試行錯誤して考えた説明を、同じようにしているとは言えません。

人間には慣れがあります。慣れには良いものも悪いものもあります。

これはマニュアルがある場合でも一緒です。慣れてくれば慣れてくるほど、このくらいの説明でいいかと、自分で説明する量を決めてしまうのです。

我々にとっては毎日のことです。提供する商品や施設、器具などに慣れてきます。

しかし、**お客様にとっては、初めてのことなのです**。

ですので、しっかり意識をしていないと、お客様の理解と自分の説明にどんどん距離ができてしまいます。

お客様に「自分が提供するサービスを実感している」あなただからこそ、サービスや内容をきちんと伝えることができます。

お客様が受けるサービスをどのくらい知っているかは、伝えるまでわかりません。ですので、遮られない限りは、あなたが知っていることをなるべく伝えましょう。

お客様はすでに経験があるかもしれませんが、もういいよと言われたり、うんざりした顔をされたりしない限りは、説明するべきです。

たとえ遮られたからといって、それは不快だからではなく、すでに知っていたり、説明よりも大事な話をしたりしているからだと思います。

きちんと説明することで、多くの方が、丁寧に説明してくれたと思うでしょう。

具体的には、**1つの説明を30秒ぐらいでできるようになるといい**と思います。

細かい点まで伝えることを意識して、自分が提供するサービスの説明を毎回きちんと行う努力をしましょう。

Point

提供するサービスは要約せずにしっかり伝える

10 違和感を感じたら、すぐに尋ねる

お客様がキョロキョロしていたり、提供したあとに怪訝な顔をされたりすることがありますよね。そんな時、どうしていますか？　忙しい時、見て見ぬふりをしてしまったことはありませんか？

私は、今はサービスを提供する側であり、同時に日々サービスを受け取る側でもあります。この本を読んでくださっているあなたも、同じ立場でしょう。

私は、**サービスを利用して何か思ったことがあれば、それをきちんと伝えることがお互いのためになる**と強く思っています。したがって、いいと思った時も、違和感や不備があった時も、どちらも伝えるようにしています。

しかし、20代の頃の私は、思ったことがあっても何も言えませんでした。

たとえば、美容院に行って、自分がなりたい髪型に仕上がらなかった時。（こうじゃなくて、こんな感じにして欲しいんだけど…）と喉まで出かかっているのに、伝えることによって美容師さんがどう思うかとか、直すと時間がかかっちゃうとか、嫌なやつだと思われるかも、などと考えてしまい、結局言えずに不満を持ったまま終わってしまう。こんなことが本当にたくさんありました。

不満な状態で終えると、「あ～言えなかったな。残念。もうあそこに行くのはやめよう」と、帰り道の間に、リピートしないことを決断してしまうのです。

これは私に限ったことではないと思います。初めて行く場合もそうですが、何度か行ったことがあっても、一度不満で終わると、再訪しないことは往々にしてあります。

多くの人は、不満なままで終わってしまうと、次も行こうとは思いません。なぜなら同じようなお店、似たようなサービスは世の中にいくらでもあるからです。

一方、不満を伝えてくれる人もいます。対処しているその時は、面倒くさいと心のどこかで思うかもしれません。しかし、言ってくれる人には、結果を変えるチャンスがあります。むしろ、不満を言わない人の方が、問題の根は深いのです。

商品が違ったり、お客様から怒鳴られたりするような目立つことは、どんな人でも自動的に対応します。ですが、同じくらい**大切なのは、小さなことや些細な違和感にいかに気づいて、対応するか**です。その結果を変えることができれば、リピートしてもらうことができるかもしれません。

最初の質問に戻りますが、あなたはお客様のちょっとした不満な顔や怪訝そうな顔に気づきながら、見て見ぬふりをしたことはありませんか？　別の仕事に移ってしまったことはありませんか？

我々は、知らず知らずのうちに自分で「リピートしないお客様」というのをつくってしまっているのです。「いかがですか？」「何かありましたか？」と尋ねる。**この一言が、お客様のリピートを決めます**。

忙しく仕事に追われている時には、お客様1人にかけられる時間は短くなるでしょう。ですが、それによって接客の質を下げてはいけません。どのお客様も同じ金額を支払い、同じようにその空間を楽しむ権利があります。

あなたが**お客様にきちんと違和感の原因を尋ねることで、お客様の満足をつくりましょう**。

第1章は以上になります。

ここで一度、各項のタイトルを読み返してみてください。どうでしょうか？　これもできている、あれもできている、となっていますか？

これらが自然にできるようになったあなたは、おめでとうございます。レベル1クリアです。

第2章では、レベル2になる為に、お客様を知ることについて学んでいきましょう。

Point

違和感を感じたら、すぐに尋ねてお客様の満足をつくる

第2章

お客様を知って自分のレベルを上げるコツ

1 お客様の言葉を「聞くこと」に重点をおく

では、お客様を知ることについて、ここからしっかり学んでいきましょう。
まずはお客様の言葉・話を聞くことについて考えます。

いつも接客している時、あなたはお客様の言葉をどのように聞いているでしょうか？

お客様の言葉を、そのまま受け取っていませんか？

機械的に何が欲しいか、どうしたいか、どうなりたいか、だけに注意して聞いていると、お客様の言葉の中の、具体的なキーワードしか聞き取れなくなります。忙しいと特にこうなりがちです。

では、どのように聞くとよいのか。
お客様がどんなニュアンスで話しているか、言葉にどんな修飾語がついているか、どんな表情で話しているか、ということに注目したことはありますか？　このように我々は**お客様の言葉から、お客様が本当に求めることを探る必要があります**。

お客様の話す言葉には、短い言葉でも、情報がたくさん詰まっています。

たとえば、「今日は暑いから、冷たいアイスコーヒーが飲みたい」という言葉には、

・暑いと思っている
・早くアイスコーヒーを飲んで体を冷やしたい

という情報が詰まっています。

そうすると私にできることは、キンキンに冷えたアイスコーヒーを、できるだけ早く提供することです。そしてお客様が飲んでいる間に、暑くないか尋ね、必要ならクーラーを強めたり、風通しをよくしたりすることです。

このように、お客様の言葉の**キーワードを抽象的に捉えることによって、具体的に自分がどんなことをすればいいか見えてきます**。

言葉1つ1つから何をしたら喜ばれるか、3つの例をもとに考えてみましょう。

【例1】
「僕は夏までにシックスパックになりたいんです」というお客様がジムに来た場合。
このように考え、行動することができます。
・ハードな運動にも挑戦する覚悟があるかもしれないと推測する
・現状のお客様の体力レベルを測定する
・自分が考えたトレーニングメニューとプランを提示する
・夏に何かあるか、それとなく聞いて、モチベーションを保つのに役立てる

【例2】
「肌を生まれ変わらせて、彼氏が欲しいんです」というお客様がエステに来た場合。
・肌問題で、過去に恋愛のトラブルがあったかもしれないと推測する
・肌を綺麗にすることで自信を持ってもらえるようなサービスを提供する

【例3】

「(携帯をいじりながら)あ、ハンバーグで」と注文されるお客様がレストランに来た場合。

・誰かと連絡を取り合っている最中なのかもしれないと想像する
・店員とコミュニケーションを取りたくない人なのかもしれないと考える
・説明を最小限にして邪魔をしないようにする

このように、**お客様の言葉から、お客様により喜んでもらうサービスをつくることができる**のです。

お客様の言葉には、喜んでもらうための接客のヒントがたくさん詰まっています。ですので、どんな短い言葉でも、その言葉から想像してお客様が喜びそうなことを実行していきましょう。

たとえそれが間違っていても、私はいいと思います。それは、お客様の求める接客を、あなたが考えた結果だからです。その経験が増えることによって、お客様が本当に求めることをどんどん見つけやすくなるのです。

Point

お客様の言葉を「聞くこと」に重点をおき、お客様が本当に求めることを探る

2 提供したいことではなく、求められることをする

我々の仕事はいつもやることがいっぱいです。準備、片付け、レジ、電話応対、在庫管理などなど、それ以外にも上司に何かをお願いされることもあります。そんな中で、お客様からの要望に応える必要があります。

これらはどれも大切な仕事で、どれが欠けても困ります。

ですが、その時に何をするか、優先順位をつける必要があります。

たとえば、自分が作業中のことがあるとします。続けてやった方が確実に早く終わることがわかっています。

そんな時にお客様から呼ばれて、（え、今?! ちょっと待って）と思うこともあるでしょう。それでも我々は、**お客様からの要望に先に応える方がいい**のです。

それは、**お客様の為にも、店の為にも、自分の為にもなる**からです。

自分の為になる？　そのまま作業を続けた方が早く終わるって言ったじゃないか、そう思ったかもしれません。では、こう考えてみましょう。

お客様↓職場↓自分の三角形があります。これはいつも巡っています。お客様に喜んでもらうと、職場に利益を生みます。職場に利益があると、会社に利益をもたらします。そうすると、会社は経営がうまくいき、職場の待遇が良くなったり、人間関係が良くなったり、賃金が上がったりします。

反対に、お客様の要望にすぐに応えられず、お待たせしてしまった場合。お客様のリピートを生みづらくなります。すると、会社に利益がもたらされず、経営不振に陥ります。そうすると、会社からの待遇が悪くなり、職場の雰囲気が悪くなったり、シフトに入れなくなったりします。最終的にはスタッフへの賃金も下がります。

仕事のほとんどの問題は、利益で解決できます。

利益が出ないと、同僚・上司・部下の人間関係が非常に悪くなります。利益が出ないことによる犯人探しが始まるからです。誰しも自分が原因だと思うのは嫌なので、他の人の悪いところを考えるようになります。

また、利益が出ず、経営状態が悪くなると、お金に直結する部分しか評価されなくなります。すると、今までその職場で人間関係を取り持っていた人や、ミスを処理していた人が評価されなくなります。人間関係というのは、こうして悪化するのです。

こうなったらあなたはどうでしょう。その仕事を辞めることになったり、仕事を掛け持ちしなければならなくなったりするかもしれません。これでは本末転倒です。

ですので、我々の仕事では、**お客様がいる時は要望に応えることが最優先事項**なのです。

接客以外の仕事は、お客様の前に立っていない時にするよう、スケジュールを組みましょう。そして、お客様の前に立っている時は、あなたはサービスマンです。お客様の求めることを行いましょう。

Point
最優先事項は、やりたいことではなく、求められること

3 作業中は「目で接客」する

あなたが他の作業をしていて、お客様にサービスをすぐに提供できない時や、話しかけられない時があると思います。

私が鉄板焼で11人がけのカウンターで焼く時は、11人のお客様を同時に見ないといけません。

お客様の中には、1人で来ている方や2人で来ている方、4人で来ている方もいます。それぞれ、来店時間、注文されるもの、食べるスピード、お酒の進み具合が違います。また、話の弾み方も違います。盛り上がっているところもあれば、1人のお客様は店のスタッフが話さなければ1人で黙々と食べることになります。

このような状況でも、私は、すべてのお客様に等しく満足して帰って欲しいのです。

そのためには、それぞれのお客様に絶妙なタイミングで料理を提供したり、話しかけたりする必要があります。

私はかつてアメリカで働いていたことがありますが、向こうの鉄板焼は、11人がけのカウンターだと、11人のお客様が全員揃ってからスタートします。一度に全員に話しかけて、一度に作り、それぞれに提供するスタイルです。

しかし、日本の大抵の鉄板焼は、それぞれ別々に接客します。たとえ同じ時刻に来店されても、同じメニューを頼まれても、一度に作ることはありません。

ですので、11人のお客様にいっぺんに話しかけることができません。一組のお客様と話をしている時は、その時間はそのお客様とだけ話をします。他のお客様とは話ができませんし、料理も提供できません。

だからといって、他の何組かのお客様の接客ができないわけではありません。その場合は、**「目で接客」しましょう**。

チラッと見るだけで、お客様が食べているスピードがどのぐらいか、お待たせしすぎていないか、飲み物が空になっていないかの確認をすることができます。飲み物がなくなりそうだったら、サービス係に、ドリンクメニューを持ってきてもらう必要があります。食べ終わっていて、次の料理を待たせてしまいそうなら、サービス係に話しかけてもらい、場をつないでもらうこともできます。

これは、お客様のことを見ていないようで見ているからこそできることです。もちろん自分の目の前のお客様に一番集中しますが、同時に周りのお客様も大事にしないといけません。**一組のお客様が最高の時間を過ごしていても、他のお客様が不満そうであっては、一流のサービスマンとは言えません**。どのお客様にも不満があってはなりませんし、お金をいただいている以上、提供するサービスに優劣があってはならないのです。

では、どう見るのかというと、360度見るようにしてください、と言いたいところですが、実際にはとても難しいです。我々の目は真横にはついていませんので(笑)。

練習方法としては、壁を背にした状態で、180度全部を見るように意識してください。実際には全部は見られなくても、見ようとすることが大事です。意識すると、数秒でもコンマ1秒でも見ることができるようになります。

そして、お客様の今の状況を知ることができれば、お客様に次に話す時のネタにもなります。たとえば、「話が盛り上がっていましたね」「お酒が進みますね」などと、話すことができるでしょう。

お客様をほんの一瞬でも視界に入れておくことで、より良いパフォーマンス、サービスを提供することが可能になります。今よりさらに見ることを強化し、目を使った接客をしましょう。

Point

作業中は「目で接客」して、すべてのお客様に最高のサービスを提供する

4
「すみません」と声をかけてもらうのではダメ

ドキッとするタイトルかもしれません。厳しいようですが、接客業をしていて、お客様から、すみません！と声を張ってかけていただくようでは、一流のサービスを提供しているとは言えません。

前項でお伝えしたように、接客業では、自分を軸にしてぐるっと360度視界に入れるように見ている必要があります。

私が勧めるホテルの店では、毎日スタッフ全員でブリーフィングをしています。そこで師匠は口を酸っぱくして**「お客様から『すみません』と言われたら我々の負けだ」**と話していました。

ホテルでは、お客様に常に目を配り、何かあったらすぐに対応できるようにしておきます。

そのため、お客様から大きな声で「すみません」と呼ばれるということは、それができていないということの証明になってしまうのです。

この接客の考えは、何もホテルに限ったことではないと思います。

サービスを受ける側のお客様のことを把握していないというのは、そのサービスを中途半端にしか渡していないとも言えます。単にお客様に商品を渡したらサービス完了、ではないのです。**商品やサービスの価格には、お客様の滞在時間が含まれています**。原価計算をしたことがある人は、どういう原価率で商品やサービスを作っているかご存知でしょう。飲食業では、提供する商品はだいたい20〜30%で作るのが目安です。他の70%に人件費や家賃、備品、消耗品などの費用が入っています。

わかりやすいように細かいことを省いて説明すると、お客様に純粋に渡すモノは30%ということです。その他は、**あなたが自分でサービスの価値をつくる必要があります**。たとえば、パスタとコーヒーを1000円で販売している店があるとしましょう。私がパスタとコーヒーを提供する時に、何の声かけもせず、ただ置いて立ち去ったら、300円だけをお客様に渡していることになります。これでは、おかしなことになりますね。そう、７００円の価値はあなたがつくるのです。

では、そのためには何ができるでしょう。商品をわかりやすく説明する。グラスの飲み物がなくなりそうだったら、メニューを渡す。お客様がトイレの場所がわからずにいたら教える。お会計がいつになってもいいように、料金を計算しておく。そしてお客様の滞在時間中に何か支障がないよう、注意しながら見守る…などです。

しかし、１人ですべてのお客様をずっと見るのはとても難しいことです。ここで必要なのが、チームワークです。**スタッフ同士で分担や協力することによって、全員を見ることが可能になります**。

お客様から、「お願いします」や「すみません」と声をかけられなくても気づくことができるよう、チーム全体でいつでも察する準備をしておくことが大切です。

Point

「すみません」と声をかけてもらう前に、チーム全体で察する

5 お客様をわがまま客に変えないよう最初にNO

どの接客業にも常連のお客様がいると思いますが、常連様は店を気に入って何度も通ってくれ、そのうちスタッフとも親しいコミュニケーションをとるようになります。

大抵の常連様はいらっしゃると嬉しいですよね。また来てくれたと、すぐに他のスタッフに伝えたくなるような人が多いでしょう。

しかし、**常連と聞いて思い出した人の中には、歓迎しづらい人もいる**のではないでしょうか。あなたが今思い出したその人はどんな人ですか？　ズバリ言いましょう。その人はわがままだったり、面倒くさかったりするお客様ではないでしょうか。

そういうお客様は、どこにでもいます。私も、接客を伴うあらゆる業種の10店舗以上で働いてきましたが、残念ながら、そのようなお客様がいなかった場所はありませんでした。

私は、カフェや居酒屋、エステや高級ホテルと、あらゆる場所で働いてきました。その幅広い客層の中で、なぜどこにでもそのようなお客様がいるのでしょうか？

それはお客様自身がそこに慣れてきて、コレも言ってみよう、アレもやってくれるんじゃないかと、どんどんわがままになり、大きな顔をするようになってしまうからです。

勝手知ったるなんとやら、という言葉がありますが、慣れていても、あくまでお客様はお客様であって、店はお客様の家ではありません。

では、そういうお客様にはどう対応するのがいいのか。私が師匠から教わった方法は、**一番最初のわがままを聞かないこと**です。

要望とわがままは似ていますが、全然違います。たとえば、窓際の席を希望するというのは、空いていれば、どのお客様にも叶えられる要望です。

しかし、店にない食材や飲み物を欲しがったり、既存のメニューにないものをねだったり、ディスカウントを要求してきたり、果てには閉店時間になっても居座ったり。

通常しているサービス以外のことを、あれもこれもとお願いしてくるというのはわがままにあたります。そういったお客様は、一度わがままを聞いてしまうと、「前回やってくれた」といい、次も要求してくるものです。それは他のお客様にもいい影響を与えません。あの客にしていることをこっちにもして欲しい、と思うからです。そうなってしまうともう取り返しがつきません。

これには最初が肝心。まず**店で出来るものと出来ないものの、線引きをしっかりとします**。これを、スタッフみんなで共有するのです。そしてお客様には、これはできて、これはできない、ということをきちんと伝えましょう。お客様に良いお客様になっていただけるようにするのです。それが他のお客様やスタッフも含めて、店の為になり、いい店をつくるのです。

Point

お客様をわがままな客に変えないために、一番最初のわがままを聞かない

6 お客様の感想を聞き出す

第1章でヒアリングが大切であるとお伝えしました。

第1章のヒアリングは、お客様が欲しいサービスを聞くものでしたが、ここではお客様の感想を聞くヒアリング方法を学んでいきましょう。

感想を聞き出す**1つ目の方法は目を使う**ことです。

作業中に接客をする際には、目を使うことをすでにお伝えしました。これは、感想を聞き出す際にも有効です。

あなたはお客様にサービスを提供した時、お客様の表情を見ていると思います。このように、自分の目でしっかりと見ることで、お客様がどんな反応をしているかを知ることができます。

2つ目の方法は口頭でのヒアリングです。

これは、お客様が求めていることを聞き出すのに、もっとも有効な方法です。

違和感があったらすぐに尋ねることもまた、すでにお伝えした通りですが、何かが起きた場合でなくても、お客様に直接尋ねることが大切です。

・今日はいかがでしたか？
・お食事はいかがでしたか？
・今日の仕上がりはいかがですか？
・ご自分のイメージと合っていますか？
・今日のトレーニングはいかがでしたか？
・やってみる前と後でどう変わりましたか？
・前半中盤後半で何か変わりましたか？

こんな感じで聞いてみましょう。

これはサービスを提供し終えたあとに聞く場合です。

サービスを提供している最中には、このように聞きます。

・お口に合いますか？
・こんな感じでいかがですか？
・やってみてどうですか？
・お時間は大丈夫ですか？
・何か気になることがありますか？

サービスのあとではなく最中に感想を尋ねるのは、とても勇気がいります。しかし、たとえ悪い感想であっても、後半に変更可能だったり、挽回可能だったりします。だからこそ、しっかりとお客様の声に耳を傾ける必要があるのです。

Point

お客様の感想を聞き出すには、目で見ることと直接尋ねること

7 その場でメモをとる習慣をつける

ここまで読んでくださったあなたは、真剣に接客に取り組み、考えている人だと思います。そんなあなたに、さらに接客がしやすくなる方法をお伝えします。

詳しくは第3章でお伝えしていきますが、先に1つだけやって欲しいことをお伝えしておきます。

それは、**お客様と話したことや、お客様に関して覚えておきたいことを、メモする習慣をつけること**です。

今、あなたはお客様のことをどのように記憶していますか？

お客様の情報を把握する方法はいくつかあると思います。カウンセリングシートに名前や居住地を記入する欄があったり、アンケートに年代・性別を選ぶ項目があったります。

顧客情報をパソコンで管理している人もいるでしょう。

私の管理の仕方は、最も原始的な方法です。それは、書くことです。

私はお世辞にも記憶力がいい方ではないので、お客様の見た目や印象・お客様との会話の内容を忘れないようメモしています。

それは、お客様に接したその1回で得た情報を、次回の自分の接客のために使いたいと思ったからです。**書いておくことで、会話の助けにもなりますし、お客様によりよいサービスを提供しやすくなります**。

しかし、頭で覚えておくのは大変なので、記録することにしたのです。

鉄板焼の仕事の時は、お客様から丸見えの状態です。それでも、お客様のことでその瞬間に覚えておきたいことというのが発生します。その場合、ちょっとお客様が席を外されている間に、仕事をしているふりをしてメモします。

毎日たくさんのお客様が来店されて、どんどん記憶が薄れていってしまうので、**その場その場でメモをするというのが、一番ズレがない**からです。

私はお客様ノートというのを20歳からとっており、全部合わせると膨大な量になるのですが、それをするために、メモというのが大変役立ちました。

メモをしておくことで、次の来店時にお客様の情報を思い出し、喜んでもらったことが数え切れないほどあります。

ですので、ぜひあなたもメモをとって、自分の接客の助けにしてください。それがお客様を喜ばせることに直結すると、私は経験から断言します。

Point

その場でメモをとる習慣をつけることが、お客様を喜ばせることに直結する

第3章

100倍差がつく「振り返り」の秘密

1
単純作業中こそ「振り返り」の絶好の機会

掃除など、仕事の終わり作業をしている時、あなたはどんなことを考えていますか？　早く終わらせて帰りたいという気持ちから、無心に作業をしていることもあれば、周りのスタッフのことや、恋人や友達とのやり取り、仕事が終わったあとの予定などを考えているかもしれません。

私はこの時間にあることをしています。一体それは何でしょうか？

それは1日の「振り返り」です。

一見仕事の余白のようなこの時間こそ、リピート客をつくる絶好の時間なのです。

今、ピンときた人と、そうでない人がいると思います。

「振り返り」とは、その時間までの仕事での出来事や、お客様との時間を思い出すこ

とです。あなたは、自分の仕事を振り返る時間を設けたことはありますか？

今まで、そういった時間をしっかり設けてやってきた人。設けたことがなかった人。また、そういった時間をあえて設けなくても自然とやっていた人。さまざまだと思います。

私の言う「振り返り」とは、具体的には次の3つを考えることです。

1、お客様と何を話したか
2、どんなことを感じたか
3、改善点はあるか

私が、この「振り返り」の大切さに気づいたのは、子供の頃に習っていたバレエの練習がきっかけです。当時は「振り返り」などというカッコイイ言葉は使っていませんでしたが、簡単に言うと「思い出す」ことをしていました。

たとえば、大きくジャンプをしたいと思っても、ジャンプの際に何も意識しなければ、上達しません。先生からもらったアドバイスを思い出し、意識して練習を繰り返します。思い出して、それを注意して直す。これが私の「振り返り」の原点です。

この習慣があったので、接客業に就いて、お客様に関しても次第に「思い出す」ことを行うようになりました。お客様との会話、お客様の仕草、お客様の表情を思い出すことで、次はどうしたらもっと喜んでもらえるのかを考えました。**「思い出して＋考える」。これを合わせて、「振り返り」と呼ぶようになりました。**

そしてこれが、お客様のリピートにつながっているのです。「振り返り」について、少しイメージを持っていただけたでしょうか。

ここで最初の話に戻るのですが、これを業務以外の時間に行うとなると、結構大変です。接客業は長時間勤務の仕事です。ただでさえ仕事で長時間働いているのに、それ以外でも仕事の時間をとるのは酷です。

そこで**私のオススメが、頭で考えなくてもいい作業をしている時に、「振り返り」をするという方法**です。飲食店であれば、バッシングや洗い物の時間。美容院であれば、お客様のカットした髪をほうきで掃く時間。私の場合は、鉄板を磨く時間です。お客様を担当し終えたら必ずする仕事なので、この時間に「振り返り」をしています。こうすると、とても効率がいいのです。

あなたには、仕事中に「振り返り」ができそうな時間はありますか？

余白の時間にはつい、恋人からラインは来ているかなとか、今日の晩ご飯は何を食べようとか、そういったことを考えたくなるのもわかります。

しかし、仕事をしている時間には仕事のことを考える。そうすると時間外で仕事をする必要もなくなります。


また、記憶はどんどん薄れるものです。メモと一緒で、夕方に来たお客様と昼間に来たお客様とでは、夕方に来たお客様を思い出す方が遥かに楽ですよね。

何も考えなくてもできる作業時間に、今日来たお客様の「振り返り」をしましょう。

Point
単純作業をしている時こそ「振り返り」をする

2 ストーリーで思い出す5ポイント

それでは、私がどんなやり方で「振り返り」をしているかを説明します。一連の流れで思い出すので、私は「ストーリー法」と呼んでいます。

お客様の入店から退店までの流れをバーっと通しで思い出していきます。全部は思い出せないと思うので、自分がそのお客様と関わった部分を思い出します。

思い出すポイントは、「どんなお客様か・初回かリピートか・何を求めたか・会話の内容・滞在時の様子」の5つです。

細かく言うと、入店時の表情、滞在時に何かを話したか・話さなかったか、お客様の反応、お客様のお連れ様との会話、会話の中での店の印象、初めてなのか・リピートなのか、何を目当てで来たのか、会計時に交わした言葉、退店時の様子、などを順番に思い出します。

すんなり思い出せるお客様もいれば、全然思い出せないお客様もいます。もし思い出せない時は、**伝票やカルテなどを見ながら思い出すのがオススメ**です。

仕事中は忙しい時間もあります。あまり対応できなかったお客様もいるでしょう。

その場合は、（あのお客様にはバタバタと対応してしまったな）と思い出し、次に忙

「ストーリー法」の図

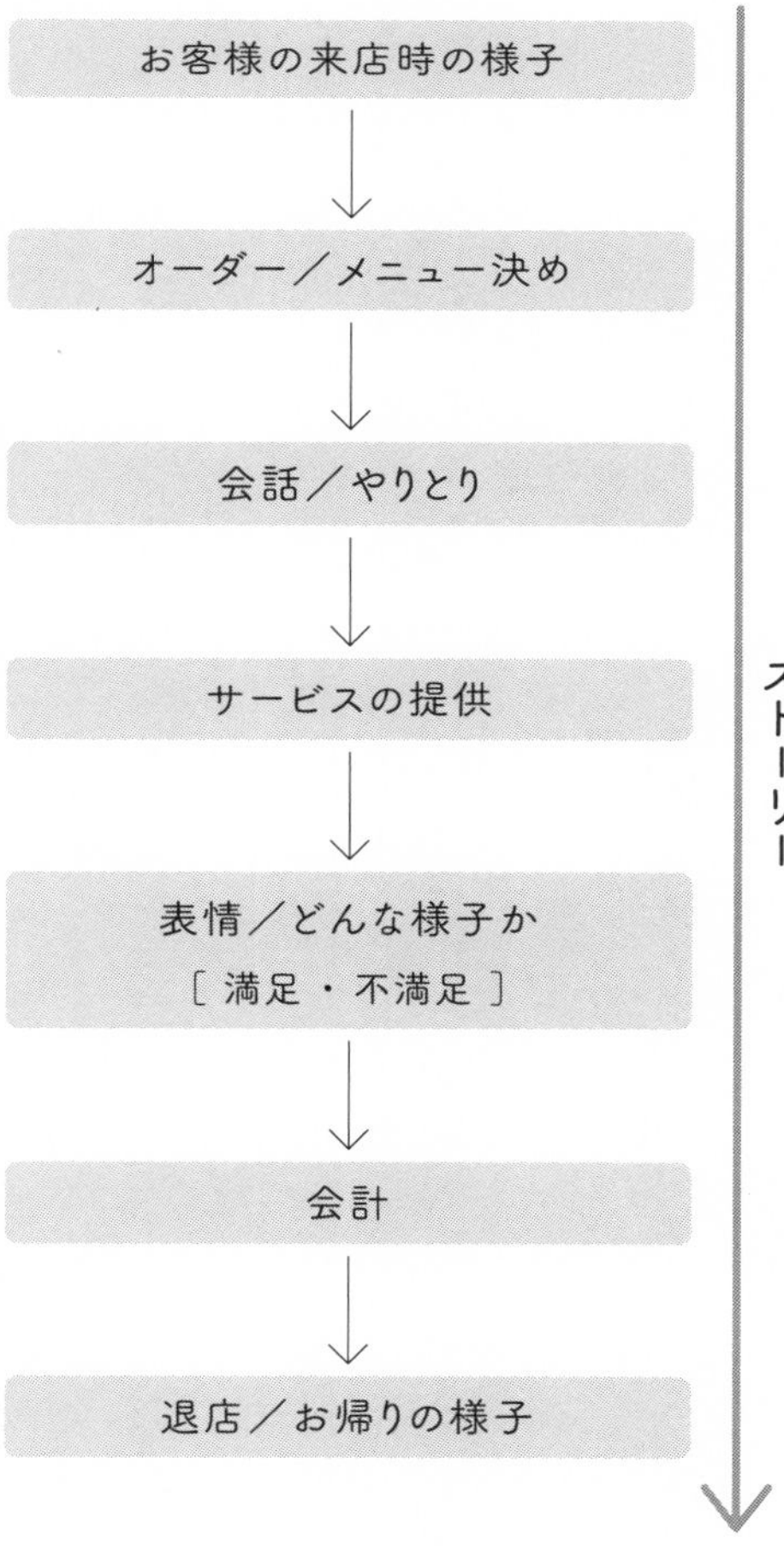

しい時はどうしようかと考えるので、思い出すだけでも効果があります。

今まで「振り返り」をしてこなかった人には、この思い出そうとする行為こそが、最もやって欲しいことです。あなたが接客のエキスパートになる頃には、オリジナルの最適な方法を確立していると思います。ですが、まずはこの方法でやってみてください。これが最も簡単に「振り返り」を始められる方法です。

ここまでの話をまとめると、**「振り返り」は、単純作業の時間に、ストーリーで順番に、5つのポイントを思い出す**、ということです。

もちろん、どんな作業も1個1個真剣に取り組むような人は、単純作業の時間にこだわらなくても問題ありません。その場合は別で時間を設けましょう。最初は1分でも大丈夫です。

また、**言葉に出してみるのもいい方法**です。私はその日に来たお客様がどんな感じだったか、スタッフや仲間、パートナーに話して、毎日「振り返り」をしています。

Point

「振り返り」は、ストーリーで5つのポイントを思い出す

3 お客様の熱量が高かったところを探る

お客様のことを思い出したら、次は「お客様の表情の変化や声の大きかったところはどこだったか」を考えましょう。

難しく考える必要はありません。お客様の反応のよかったところ、不満そうだったところを思い出します。

お客様の反応は、２つに分けることができます。**よかったか悪かったか、これだけです**。たとえば、驚いていたことも、びっくりするほどよかったか、驚くほど悪かったかに振り分けられます。ですので、お客様の反応を、まずどちらだったか考えましょう。

それができたら、**それは「どこで・何が」原因だったか**考えましょう。

いくつか例を出してみます。

【よかったケース】

・お客様が次回の予約を取ってくれた

・エステで、お客様が想像していたより遥かに効果が出て、お帰りの際に笑顔だった

【悪かったケース】

・美容院やネイルサロンで、お客様の希望通りに仕上がらなかった

・ジムでお客様から、今日は右手が痛いから使えないと聞いていたのに、忘れて右手を使うことを指示してしまった

・お客様の苦手な話題を出して気まずくなり、そこにさらに自分がミスをしてお客様が不機嫌になった

よかった場合は、お客様はここのポイントに満足していたな、喜んでいたなとしっかり思い出します。

そして、それを今度は**他のお客様にも喜んでもらえるようになりましょう**。定着し

てくると、それがあなたのチャームポイントや売りになります。

また、喜んでもらえたところはあなたのいいところです。**さらに喜んでもらえるように、どんどん伸ばしていきましょう。**

悪かった場合は、お客様は何が不満だったのか、なぜ怒っていたのか・残念がっていたのか、ということを深掘りして考えます。

商品自体に問題があったのか、店やその場の空間に問題があったのか、スタッフとのコミュニケーションに問題があったのか（お待たせしすぎた・蔑ろにしすぎた、など）、サービス全体に問題があったのか、そもそも不機嫌だったのか、クレーマーなのか…。

考えられる理由はこれ以外にもあります。ですが、確かなことは、**お客様が望んだサービスに合っていないものが提供されたから、その反応が起きた**ということです。

お客様の不満な表情への対処法は、第2章でもお伝えした通り、「その場で聞く」こと。これが一番です。ですが、タイミングを逃した・怖くて聞けなかった、という場合もあります。

お客様に聞かなければ、なぜ不満になったのか、もう答えはわかりません。実際の答えはわからないけど、自分でこれが原因なんじゃないか、と思うことがいくつか出てくると思います。この、おそらくそうじゃないか、ということをしっかりと考えることが大切です。問題が起こったこと、お客様が不満で帰ってしまったことはもう仕方ありません。いろいろな要因が重なってしまうこともあります。

ここで**問題なのは、お客様の不満が起きたことではなく、見なかったふりをしたり、忘れてしまったりして、問題をそのまま放置してしまうこと**です。お客様が不満になるのは、どこかにマイナス要素があるからです。それを見つめ直す必要があります。

今まで考えたことがないほど真剣に、一生懸命、どうしてなのか考えてください。どうしてお客様は不満になったのか？　何が悪かったのか？　突き詰めて考え切ることこそが、「振り返り」で一番大切なことです。

Point

お客様にとってよかったところ・悪かったところと、その原因を考え切る

4 課題を浮かび上がらせるロジックツリー

次のステップでは、何が課題なのか、考えていきましょう。

悪かったこと、今までできていなかったところは、直せば次回から結果を変えることができます。直さなければまた同じ失敗をします。

ここで改善しなければ、「振り返り」もただ思い出しただけになってしまいます。それではあなたの為になりません。あなたの時間を割いただけ。しかも、その失敗した思い出は、ずっとあなたの足枷になります。

そのまま放置していると、同じシチュエーションになった時、同じミスを繰り返します。すると、自分の記憶にこびりつきます。それでも直さなければ、似た状況になるたびにビクビクし、恐れから次第にそれをやらないで済ませるようになります。これは最悪の悪循環です。

そうならない為にも、何をどうしたら直せるか、真剣に考えていきましょう。

何がどうして悪かったか、どうしたら直るのかという改善までの道筋を、順を追って考えます。この時に、ロジックツリーが役立ちます。

「ロジックツリー」の図

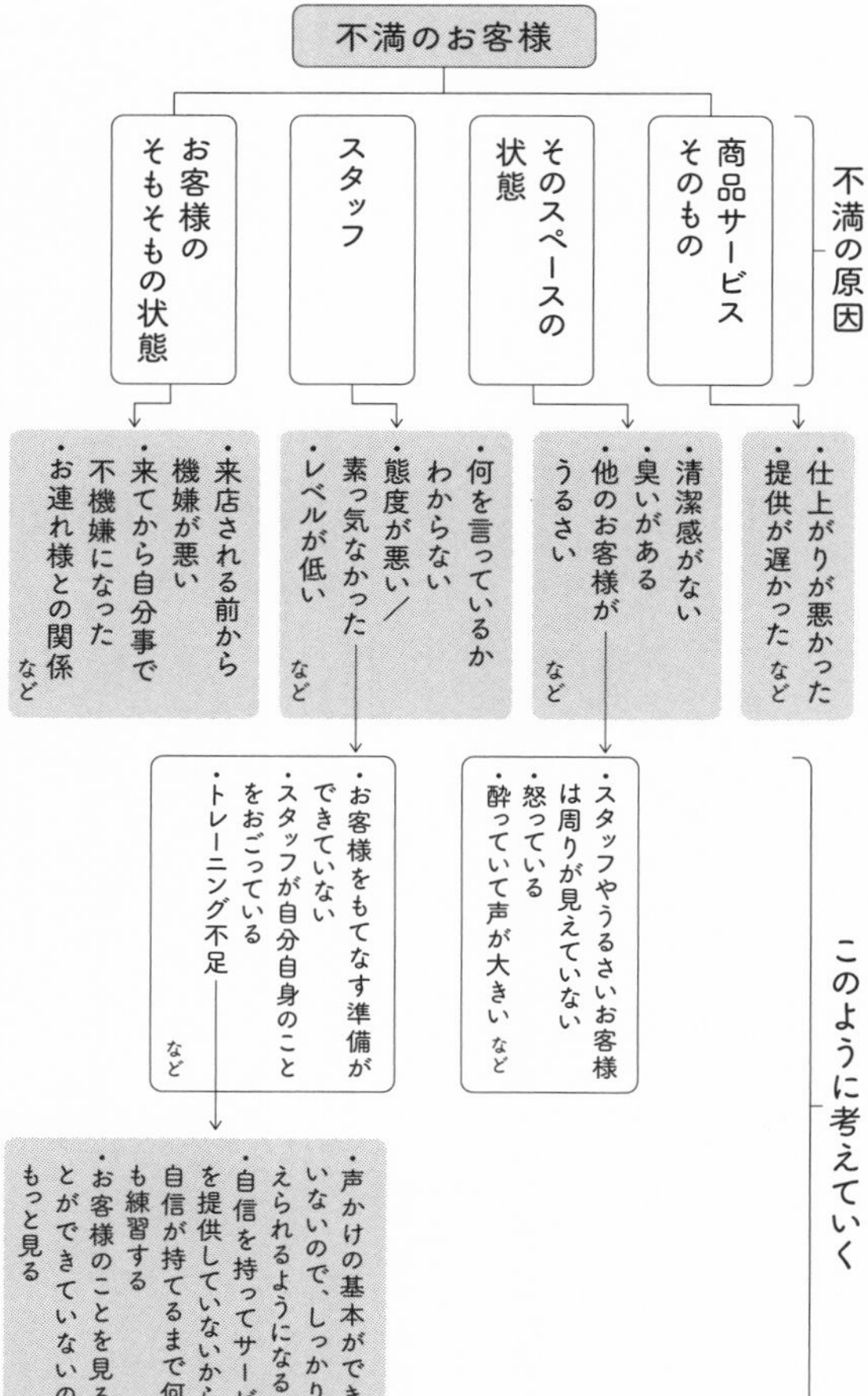

不満のお客様
商品サービスそのもの
そのスペースの状態
スタッフ
お客様のそもそもの状態
不満の原因
・仕上がりが悪かった
・提供が遅かった など
・清潔感がない
・臭いがある
・他のお客様がうるさい
など
・何を言っているかわからない
・態度が悪い／素っ気なかった
・レベルが低い
など
・来店される前から機嫌が悪い
・来てから自分事で不機嫌になった
・お連れ様との関係
など
・スタッフやうるさいお客様は周りが見えていない
・怒っている
・酔っていて声が大きい など
・お客様をもてなす準備ができていない
・スタッフが自分自身のことをおごっている
・トレーニング不足
など
・声かけの基本ができていないので、しっかり伝えられるようになる
・自信を持ってサービスを提供していないから自信が持てるまで何度も練習する
・お客様のことを見ることができていないのでもっと見る
など
このように考えていく

ロジックツリーとは、問題を明確にできる思考法です。これにより、自分と自分以外の問題を明確にできます。

私は鉄板焼の修行を始めた頃、仕事が終わって帰る前に更衣室のロッカーの前に座り込み、この方法で毎日1時間以上考えを深めていました。どうしてそうなったのか、次にそうならない為には何をしたらいいかを考えていたのです。

ロジックツリーで、原因がどんなことから来るのかを辿ることができたら、今度はそれを改善します。私の場合は、次の日に実行する習慣をつけています。すぐやることが最も効果的だからです。

このロジックツリーでは、思考の整理ができます。あなたが実際に使いやすいように、より具体的にするとなおよいでしょう。整理ができたら、あとは実行するだけです。**あなたが課題を改善しようと思えば、すぐにできます。**そのために、実行できるところまで自分で落とし込んでください。

Point

ロジックツリーで課題を浮かび上がらせ、改善する

5 解決策のポイントは1つに絞らないこと

前項では、ロジックツリーで考え、1つの答えに辿り着いたらそれを実行しましょう、というお話をしました。

お客様の不満や問題点ですが、本当の答えはそのお客様にしかわかりません。**あなたが考えて実行した時に、お客様から満足そうな反応が返ってくれば、それが正解**です。したがって、お客様の満足を生むためにロジックツリーを使ってどんどん考え、あなたが望ましいと考える接客をしましょう。

ですが、その際に知っておいて欲しいことがあります。

まずは例え話を聞いてください。

山田さんと田中さんという、似ているお客様がいるとします。

あなたが、辿り着いた答えを、山田さんに実行したら、すごく喜んでもらえました。ところが、全く同じことを田中さんに実行しても、不満そうでした。

これは、あなたが辿り着いた答えが、1人のお客様には響き、もう1人のお客様には響かなかったということです。

どうしてでしょうか？　原因は、いろいろ考えられます。

1、あなたが考えて実行したことが間違っていた場合
2、問題が1つでない場合
3、お客様自身の問題である場合

1の場合、あなたの想像と異なる反応がお客様から返ってくることになります。ショックかもしれませんが、割とよくあることです。実行することが大切ですが、**辿り着いた答えがたった1つの解決策だと決めつけないことも大切**です。決めつけてしまうと、違っていた時に、困ったり、焦って動揺したりしてしまいます。ですので、もし想像とは異なる反応が返ってきても、落ち込まないでください。

2の場合、あなたが思ったもの以外にも、田中さんが不満に思う原因が複数あると

いうことです。1つの問題が解決されても、田中さんからすればまだ不満が残っているので、喜んでもらえないということになります。

3の場合、来店する前から不機嫌だったなど、不満がお客様自身の問題だということです。しかし、どんなにお客様ご自身のせいで不機嫌だったとしても、自分がサービスすることによって、笑顔で帰ってもらうよう努力をすることは、サービスマンとしてとても大事なことだと思います。

このように、自分で整理して解決策を見つけても、お客様が満足しない場合もあります。しかし、そこで諦めずにまた考え、何度も何度もチャレンジしてください。

Point

辿り着いた答えが、たった1つの解決策だと決めつけない

6 自分が納得するまで考え、実行する

仕事は毎日のことですので、数々の失敗をすると思います。私もたくさんのお客様の不満そうな顔を見てきました。

忘れもしないのは、鉄板焼に入って1年目に、お客様が不満になり、先輩にひどく怒鳴られたことです。あの時は、みんなが帰った後、1人になった店で涙を流しながら鉄板を磨きました。お客様をガッガリさせたことが本当に悔しく、自分の接客を一から見直す必要に迫られました。

そうして、何をどうしたらいいのか考え続け、毎日の「振り返り」が今の自分をつくりました。「振り返り」がなければ、今の私はいません。

「振り返り」の一連の流れを読んで、大変だな、面倒くさいなと思った人もいると思

います。ロジックツリーのように真剣に考える必要があるのか、と思った人もいるでしょう。

声を大にして言いますが、**「振り返り」は仕事で成果を出すことができる最高の方法**です。私が長年、指名・リピート率No．1シェフであることがその証です。「振り返り」をするだけで、仕事のことをより深く考えることができます。前日に考えたことを実行しようとすると、日々新しい目標ができ、別のことを考える時間が減るので、仕事の時間が充実します。こうして仕事が、作業をこなすだけのものから、自分でつくり上げるものになりました。

あなたは自分の接客に満足していますか？　少しでも、まだ満足できていない、もっとよくしたいと思っているなら、まずは1週間「振り返り」をやってみてください。

・今日来たお客様がどんな感じだったかを思い出す
・そのお客様の反応がよかったか悪かったかを考える
・何がよかったのか・不満にさせたのかを考える

・ロジックツリーを使って問題を整理する
・自分が考えた改善策を次の日に実行する
・このサイクルを繰り返す

お客様の反応はすぐには変わらないかもしれません。反応も、わかりやすいものもあれば、少しの変化でわかりづらいものもあると思います。**たとえお客様の反応が変わらなくても、諦めないでください**。改善策を考えて、たった1回でうまくいくほうが稀です。私は15万人のお客様を接客させていただきましたが、まだまだ毎日改善点だらけです。

また、お客様は1人1人違います。そしてお客様は毎日いらっしゃいます。**あなたが考えた改善策を実行するチャンスが、出勤のたびにある**のです。

こう考えると気が楽ですよね。出勤したら、「振り返り」をして、その改善策を考えましょう。

【オススメの方法】

・まずは1分間思い出して考える

・セルフトークをする

私はよくこんな言葉を自分に投げかけています。

（何でそうなったと思う？　あの時自分が楽な方を選んだな？　もっと努力できたんじゃないか）

・お客様のことを話せる仲間をつくる

（職場のスタッフ・同業の友人・自分のパートナーなど）

これを日々やっていくと、あなたの接客レパートリーは着実に増えていきます。それも、質が高いものをつくることができます。

お客様が満足する理想の接客をしていくには、**あなたが納得するまで考え切った接客のレパートリーを増やしていくことが重要**です。「振り返り」をして、あなたがよりよいと思う接客をつくっていきましょう。

Point

理想の接客をするには、自分が納得するまで考え、実行すること

第4章

お客様に気持ちよく過ごしてもらう極意

1
最初でつまずくと後で取り返すのは至難の業

ここでは、さらにステップアップした接客を行うため、私が実際に体験した話を例に、その対応について一緒に考えてみましょう。

カフェに入った時に受けた対応の話です。

雨が降っていたある日、待ち合わせをしていたカフェに傘を持って入ると、入口にいるスタッフに「満席です」と、一言だけ言われました。

待ち合わせをしている旨を伝えると、無表情で「（ご自分で）探してください」とのこと。どうしたものかと思いましたが、私も仕事中に忙しさのあまりトゲトゲしたことがないとは言えません。余裕がない時は誰しもそうなるよね、と思い、気を取り直して中に入ろうとしました。すると、そのスタッフはムッとしながら、「傘は傘袋に入れてください」と言って、私の真後ろにある傘袋入れを指差しました。傘袋入れは、私（お客様）から完全に死角の位置にありました。

この対応はどうでしょうか？

私はこのスタッフにもう一度サービスを受けたいとは思いませんでした。この日がたまたまそうだっただけかもしれませんが、お客様にはひどい印象を残してしまいます。難しいことですが、**スタッフはどんな時も、お客様を迎える状態でいなければなりません**。余裕がない時も、お客様が新しく来たら気持ちを切り替え、「ウェルカムマインド」を持つ必要があります。新規のお客様は、それまでスタッフが忙しかった事情とは、なんら関係がありません。**お客様は等しくサービスを受ける権利がありま す**。お客様が来たら、今やっている仕事は一旦とめて、お客様に向き合いましょう。

また、**スタッフの性格や仕事の経験年数なども考慮して、配置場所を考えます**。

カフェ、レストラン、ホテル、サロン、デパート、ジムなどの入口は、そのものの「顔」です。職場のとびっきりのスタッフを選びましょう。自分がそうでなければ、ステップアップをしましょう。そのヒントがこの本に散りばめられています。

というのは、理由があります。

接客業では、**入口でお客様が不快になると、それを挽回して良い印象で終えるのは、本当に難しい**のです。お客様が中に入ってきた際に、他のスタッフのかなりの努力が必要になります。最初が肝心という言葉がありますが、接客業においては、これは間違いなく言えることだと思います。

逆に、忙しい時でも、入口でよく知ったスタッフがきちんと対応すると、その後多少まごついたり、提供が遅くなったりしても、クレームにならない場合が多いです。常連のお客様なども、よく知ったスタッフの顔を見れば、安心して入ってきてくれます。

ですので、**お店の顔となるフロントには、とっておきのサービスマンを用意しましょう。**

Point

最初でつまずかないよう注意し、入口にはとびっきりのスタッフを選ぶ

2 モノや会話を「先読み」して提供する

我々サービスマンはできる限り、お客様が何を求めるか、何を考えてどう行動するかを予測します。これを「先読み」といいます。ここでは、先読み能力を鍛える方法をお伝えします。

「先読み」には、お客様が何を求めているか、次に何を求めるか、何があったら嬉しいか、常に考える癖をつけるのが一番です。

したがって、経験が必要です。それも、「考える」ということを伴った経験です。たとえ30年の実務経験があっても、考えて行動していなければ、それは経験になっているとは言えません。一方、３ヶ月の実務経験しかなくても、同じようなシチュエーションや流れで接客対応した場面を思い出し、今回のお客様に生かすことができれば、それは立派な経験と言えます。

そのために、第3章で詳しく「振り返り」についてお伝えしました。**「先読み」にも「振り返り」が役立ちます**。「振り返り」では、お客様にどうやって接するかを考えましたが、これがそのまま「先読み」にも使えるのです。

では、いくつかの場合に分けて説明していきます。

【モノを先読みする場合】

お客様に提供するモノについて、それに合うモノや必要になるモノを考えることで、スムーズに提供することができます。たとえば、飲食店で想像しやすいのが、この料理に合うのはこの飲み物と考え、飲み物のメニューも料理提供時にあらかじめ用意しておく。手を使って食べる料理を提供した際、お皿を下げる時に新しいお手拭きをお渡しする。このようなことをいいます。

【会話の流れからモノを提供する場合】

お客様との会話から、次はこういうふうになると先読みし、モノやサービスを用意することができます。たとえば、ジムのレッスンに参加しているお客様に、キツいかどうかを尋ねる。すると、お客様の返事によって強度を上げたり下げたり、場合によっては、メニューを変えたりすることができます。

【会話の流れから会話を提供する場合】

お客様と話をしていて、この流れだと次はこんな会話が生まれるだろう、と予測できることはありませんか？　この時の予測が、会話の先読みです。

たとえば、家電量販店でお客様同士の会話を耳にし、パソコンを探していることに気がついた場合。お客様に自ら声をかけ、価格・性能・重さを踏まえた自分のオススメを3つほど考え、お客様にお伝えすることができます。

このように、「先読み」をして、**お客様に言われる前に、お客様が求めるモノやサービスを提供できるようになりましょう**。そして、お客様の驚きや満足を生みましょう。

Point

「先読み」をして、お客様が求めるモノやサービスを提供する

3 技術で魅せて、待ち時間をワクワクに変える

今回は、私がたこ焼きを買いに行った時の話を例に出します。

たこ焼き屋に並んでいる時、ガラス越しに、たこ焼きを焼くお姉さんの動きが見えました。

たこ焼きを見つめる真剣な瞳。一生懸命作っているから暑いんだろうなと想像される上気した頬。手はクルクルとたこ焼きを回しています。彼女がたこ焼きをひっくり返すたびに、もう出来上がるかなと期待している自分がいました。

また、仕事に真摯に向き合う姿は、なんて美しいんだろうと思いました。

順番が来るのが待ち遠しくなった時間でした。

このように、**技術で魅せると、お客様の待ち時間をワクワクする時間に変えること**

ができます。

鉄板焼などは、待ち時間が醍醐味のような料理です。出来上がっていく様をお客様に見てもらいながら、楽しんでもらう。飲食店だと、すし屋やクレープ屋なんかもそうですね。

美容院やネイルサロンなどもそうでしょう。オーダーしたものを、自分の体を使って作ってもらっているので、あまりそんな感覚はないかもしれませんが、座りながら出来上がりを待っていることになります。そんな時に、美しい手捌きでカットしてもらったり、自分では到底できないような、ムラのないキレイなネイルを施してもらったりすると、お客様はワクワクするのです。

かつて私の師匠が、プロと一般の方の違いは何だと思う？　と尋ねました。

あなたは何だと思いますか？

それは仕上がるまでのスピードです。一般の方でも、ご家庭でそれなりの時間をかければ、プロが作るような見た目も素晴らしい料理が出来上がる。

一方、プロは、完成度は保ったまま、とにかく速く作ることができる。

これが違いだと言っていました。

これを読んでくれているあなたも、何かのプロだと思います。

ここでのプロの定義は、お金をいただいているか、いないかの違いです。

速さは技術を魅せることができる1つの方法です。

速さに自信がない人は、1つ1つの動作を速くできるようになる、機敏に動く、ということをやってみてください。

また、**接客業ならではの魅せるポイントは気づきです**。こんなことにも気づいてくれた、何も言わなくてもやってくれた、ということがお客様の大きな喜びを生み、記憶に残ります。

お客様がすごいと思ってくれることを増やしていきましょう。

Point

技術で魅せると、お客様の待ち時間をワクワクに変えることができる

4 指摘を受けても、間違っていないものは強気でGO

お客様から指摘を受けることがあると思います。それは何種類かに分けることができます。単純にこちらにミスがある場合。何でも難癖をつけたいクレーマーの場合。常連になり、良かれと思ってあれやこれやと言う場合。

そういう時に、優しい人や経験の浅いスタッフは特に、すべてを聞かなければならないと思いがちです。しかしそうではありません。

まず、**ミスに関しては、こちらに非があるので、改善しないといけません。**

次に、クレーマーの場合は、前例があると思います。そのような人の場合は、受け入れる必要がありません。私は、以前はそんなねじ曲がった人がこの世の中にはいるんだろうか？ 信じられない、と思っていましたが、残念ながら、**本当にただクレー**

ムを言いたいだけの人もいるのだと、この22年間で知りました。

しかし、**判断が難しいのが常連様の場合です**。常連様は、おそらくいいことも言ってくれると思います。親しくなった分、話もしやすくなるので、どんなことでも「これも言っていいかな」と、口から出やすくなっていると言えます。

たとえば、「これはもう少し多くした方がいいんじゃない?」「ここをこうした方が、みんな嬉しいと思う」など。

こんなご意見をいただいた場合、2つ目の「みんなそう思うんじゃないか」という言葉は要注意です。この言葉を聞くと、そうしないといけないんじゃないかと思いがちですが、実際に言っているのは1人のお客様です。この言葉は日常でも使ってしまいがちですが、裏側を読み解くと、**「みんな」という言葉を使って、権威を持たせようとしている**と言えます。

お客様も悪意はないと思いますが、その人個人の意見や感想の場合があるということを覚えていてください。このような場合は、冷静に判断しないといけません。

Aのお客様からはこう言われたからこうして、Bのお客様からはこう言われたからこうする、こんなことをしていたら、どれがその店のサービスの基準か、わからなくなります。これが落とし穴だったりするのです。

今まで、お客様に寄り添った接客をしてくださいと散々言いましたが、それはお客様の言葉の全部を鵜呑みにすることとは違います。**お客様の要望を叶えることと、店のサービスの基準を変えることは、全く別のこと**です。

冷静に判断した上で、間違っていないものは臆することはありません。自信を持ってサービスを提供してください。

Point

お客様からの指摘は冷静に判断し、間違っていなければ臆さずに対応する

5 サービスはいつもマニュアルの外側にある

どんな接客業にも、マニュアルという、その職場の基本があると思います。大手やチェーンであるほど、マニュアルはしっかりとしていて、内容も見事です。今までその会社であった数々の事例をもとに、いろいろなことが想定してあり、こんな時はどんな対応をすればいいか、ということが細かく記してあります。

マニュアルはとても大切なものです。基礎がなければ応用もありません。しかし、私が考える**本当のサービスは、マニュアルの外側にしかない**と思っています。

私が駅の立ち食いそば屋に行った時の話です。

私の前に並ぶお客様とスタッフが会話をしていました。お客様はわさびが欲しいと言いましたが、スタッフは、お客様が注文したそのメニューにはわさびは付かないと断りました。見れば、スタッフの目の前には、冷やしそば用に山盛りのわさびが置いてあります。これがマニュアルの怖さだなと思った瞬間でした。

スタッフが間違っているわけではありません。確かにお客様が注文した商品には、本来わさびは付いていないのでしょう。マニュアルにもそう記載があるはずです。ですが、それはサービスマンとして、正しい選択なのでしょうか？

お客様は何も、天ぷらを付けてくれと頼んでいるわけではありません。七味唐辛子や胡麻はセルフでかけ放題です。わさびは、細かいところはわかりませんが、おそらく原価数円でしょう。

スタッフの目の前にあるわさびの1さじを、お客様に「どうぞお使いください」と差し出すだけで、そのお客様の満足度はグンと上がったはずです。

私もチェーンで働いたことが何度かあります。その時、自分の判断でできることは限られていました。

しかし、**マニュアルをそのままコピーしたような返事では、サービスを提供したことにはならない**のではないかと思います。もちろん、自分の判断が正しいか間違っているか、わからないこともあるでしょう。迷ったら、責任者にどうしたらいいか尋ねることです。もしいなければ、先輩・上司です。

それは、お客様の要望を何でも受け入れてくださいと言っているわけではなく、自分でどうしたらいいか判断に迷うようなものの時は、聞いて判断を仰ぐということです。

このことを踏まえても、私は、なるべくお客様が喜んでくれるような判断をしていきたいと思っています。

Point

マニュアルの外側のお客様が喜んでくれるサービスを提供する

6 繁忙期にサービスの質を下げないのは「ワンパワー」

ここからは、接客業の課題や問題に関して、お話ししていきたいと思います。

まずは、繁忙期の人手不足です。接客業というのは他業種に比べて、特に**繁忙期の人材の確保が難しい**ところがあります。それは、給与があまり高くなく、労働時間が長いことが理由の大きなところを占めるでしょう。

繁忙期は年間を通していくつかあります。

師走と呼ばれる12月は、どの業種も忙しい時期です。私の勤めるホテルの店では、毎年12月20日前後から1月3日までが1年で最も忙しい特大繁忙期です。その期間を先輩は「地獄の2週間」と呼んでいました。猫の手でも犬の手でも借りたいと思う程、本当に忙しい毎日です。

そんな時、人をすぐに増やせたらいいですが、なかなかそうもいきません。

では、どうするのか。私が師匠から学んだことの中で、最も大事にしている教えと言っていいものがあります。**それは「ワンパワー」です。**

「ワンパワー」というのは、師匠のつくった言葉です。意味は、**忙しい時はいつも出している力より、もうひと力出す**、ということです。「え?! ただでさえ忙しくて参っているのに、そんなの無理だよ」と思った人も多いと思います。私も最初はそう思っていました。

でも、ちょっとこの説明を聞いてください。

たとえば、風邪で誰かが休んだ場合、1人分の仕事がそれぞれのスタッフに乗っかってきます。そうしたら、その分、1人1人がいつもの1・3~1・5倍の力で頑張る。サービスのスタッフが足りなかったら、料理人が飲み物を提供したり、お皿を下げたりする。たった1枚のお皿でもいい。いつもやっていないことを少しするだけで、1人1人がやると大きな力になる。だから、繁忙期こそワンパワーを出す時なんだと、こう教えられました。

しかしこれにはもう1つ意味があると思います。

「ワンパワー」、それは**スタッフ全体で1つになる**という意味でもあります。つまり「ワンパワー＝1パワー」。

みんなで1つになって、1人1人の力を合わせて大きな力にする。この考え方は、スタッフに一体感をもたらします。

繁忙期は、永遠に続くわけではありません。みんなで「ワンパワーを出そう！」と声をかけ合い、その期間を乗り越えれば、それが結果となって返ってきます。そして、それを乗り越えられたことが、各々の自信になるのです。

ですので、繁忙期のつらい時こそ、この「ワンパワー」を思い出し、1人1人がいつもの力より少し頑張って、乗り切ってください。あなたには、それができるだけの力がついているはずです。

Point

繁忙期こそ「ワンパワー」でサービスの質を下げずに乗り切る

7 新しいスタッフには役割分担をして接する

接客業界は人の入れ替わりの激しい世界です。新しいスタッフが入ることもしょっちゅうあると思います。スタッフが入ると、店に慣れるように既存のスタッフがいろいろ教えます。今回は、その時に気をつけることをお伝えします。新しいスタッフに対して、みんなで同じ対応をしないようにするとうまくいく、という話です。

どういうことかというと、**新しいスタッフに対して、既存のスタッフ1人1人がそれぞれ役割を持つ**ということです。

役割というのは、たとえば、基本を教える人、厳しく指導する人、話を聞いてあげる人、一緒に頑張ろうと応援する人、親のようにどっしりと構えて何があっても受け入れる人、などです。

みんなで厳しくしていたら、新しいスタッフもつらいでしょうし、入ったばかりだからと基準を甘くすると、職場の水準も下がってしまいます。また、なあなあに仕事をすることは、その人の為にも職場の為にもなりません。

これは私が感じてきたことですが、**多くの人は、自分が成長できないところにいると、飽きてしまって転職するか、成長マインドセットを失ったまま、どんどんダメになっていってしまうかの二択**です。

せっかく入った新しいスタッフをダメにしないためにも、既存のスタッフそれぞれで役割を分けて、その人を育てることが大切です。

みんなが似たような対応をしていると思ったら、自分は別の対応をするように心がける。そうすると仕事にも厳しくなり、コミュニケーションをとる必要も出るため、新しいスタッフは居心地のいい環境で格段に早く成長することができます。

Point

新しいスタッフには役割分担をして接することで、成長を促す

8 最適なスタッフの人数が、個々の最大の能力を引き出す

今回は、**スタッフの人数に関しての話**をしたいと思います。

私がスーパーに行った時のことです。サービスカウンターで、アンケートを書こうとスタッフに声をかけました。

そのスタッフは、こちらが恐縮するほど丁寧に対応してくれました。私がウキウキとアンケートを書いていると、別のスタッフが私の後ろを通る時にぶつかりました。アンケートの記入場所がスタッフの通路だったことは、設置ミスで仕方ありません。しかし、謝罪もせず、そのまま同僚と話し出したその人に私は唖然としました。

先程の丁寧なスタッフにペンを返しながら、こんなことが頭をよぎりました。AI

が導入されたら、残るスタッフは最初に対応してくれたこの人であって欲しいと。**接客業に多くの人数が必要とされる時代の終わりは、すぐそこまで来ている**と改めて感じました。

私も、店で働く中で、スタッフの人数の多さに頼っていたことがありました。スタッフがたくさんいれば、いいサービスができると思い、多くのスタッフを抱えたのですが、店の状態はよくなりませんでした。

人数が増えると、1人あたりの仕事の負担は減り、時間にも心にもゆとりがある状態となります。すると、つい仕事そっちのけで、スタッフ同士で話が盛り上がってしまうこともありました。

スタッフ間のコミュニケーションの時間と考えれば、たまにはいいのかもしれません。しかし、いつもゆとりがある状態だとどうでしょうか？

人数が多すぎる状態が続くことは、各々が最大の能力を出す機会を逃してしまうことでもあるのです。最大の能力を出す機会が減れば減るほど、いざ必要になった時に力が出なくなります。それは、力を出す機会を失い、その能力が衰えてしまうからです。

スタッフの数が多ければ、いいサービスができると考えがちですが、そんなことはありません。**1人が持っている能力を充分に引き出せる状態が理想であって、そのためには多くても少なくてもいけません。**

タッチパネルやセルフレジなどをはじめ、どんどんＡＩが導入され、単純作業は淘汰されてきています。仕事のことを真剣に考えない人は、必然的に職を失うでしょう。これからは、仕事に真剣に取り組む人だけが残っていく、少数精鋭の時代が来ると思います。

接客業においても量より質が問われる時代は、すぐそこまで来ているのです。

Point

いいサービスをするためには、スタッフの人数は多くても少なくてもいけない

9 スタッフの配置場所を変えるだけで売上が上がる

私がコンサルティングをしていてよく受ける相談に、人員の配置に手を焼くというものがあります。この章の初めに「最初でつまずくと後で取り返すのは至難の業」という話をしました。とっておきのスタッフをフロントマンにするといいという話でしたね。スタッフの誰をどこに配置するかというのは、どの店にも共通する課題です。

スタッフの配置は、あなたが思っている以上に、その場の印象や雰囲気を左右します。配置が変われば、お客様にとっては別の店（空間）になると言っても過言ではありません。

サービスの提供には、チームプレーが大切です。しかし、それぞれこんなところにこんな人がオススメ、というポイントがあります。

自分のチームや職場を思い出し、このスタッフには何をしてもらいたいだろう？と一度想像してみてください。この人に話しかけてもらったら嬉しいな、この人からサービスを受けたいな、あのスタッフに作ってもらいたいなと、それぞれのポジションが浮かんでくるでしょう。そうすると、今の配置が適切かどうかがわかります。

まずは入口（受付）です。実はこの**入口のスタッフで、お客様が入ってくる確率が変わります**。「え！　そんな大げさな」「そんなことがあるの？」と思うかもしれませんん。でもこれは本当です。私が接客したお客様の中には、外から顔馴染みのスタッフが見えない時には店に入らない、とおっしゃる方もいました。

正直なところ、私は接客サービスを提供しているどの場所に行っても、入口でその店のレベルがだいたいわかります。これは私に限った話ではなく、接客業に携わっている人なら、だいたい想像がつくのではないでしょうか。

そして、すでにお話しした通り、店に入った時の印象が、いい時も悪い時もほぼそのまま、帰る時の印象になります。最初にお客様に悪い印象を与えてしまうと、挽回するには、他のスタッフのかなりの努力が必要になるのです。

したがって、私の場合は、**入口にはその店（空間）のことをよく知り、勤続期間が長めのスタッフ**に入ってもらいます。

商品を管理する人や作る人には、細かい作業や数字が得意な人、妥協がない人がいいと思います。

お客様と話をするような表に立つ人には、コミュニケーション能力に優れたスタッフがいいでしょう。それは、スタッフ同士のコミュニケーションを見ていても判断できます。誰にでも分け隔てなく話せるようなスタッフは、このポジションにもってこいです。

飲食店では、デシャップ（料理やドリンクが出来上がる場）がそのまま調理場とサービスのパイプ役を担う人を指します。ここには、**調理場とサービスの両方を理解し、気づかいのできる人を配置する**と、スムーズにいきます。

また、**視野が広い人やフットワークが軽い人、いいことも悪いことも人に伝えられ**

る人は、管理者に向いています。

必ずしもこれがすべて正しいわけではありませんが、適材適所を意識してスタッフを配置することは重要です。同じ商品やサービスを売っていても、それだけでお客様のリピート率が上がったり、客単価が上がったりします。売上が上がる仕組みを、なんと1円もお金をかけずにつくることができるのです。

それには、**スタッフの性格や仕事の得意分野など、スタッフ1人1人をよく知ることが必須**です。そして1つのチームとしてお客様を迎えることができれば、チームとしてとても強い状態になります。それぞれのポジションに合ったスタッフを配置し、一丸となりましょう。

売上を上げるには、スタッフのポジションとチームプレーが大切なのです。

Point

適材適所を意識してスタッフを配置するだけで、売上が上がる

10 お客様の「待つだけの時間」をいかに減らせるか

お客様がモノやサービスの提供を「待つ時間」というのは、多かれ少なかれ、どの店でも発生すると思います。

今回は、そんな**お客様の待ち時間についての話**をしたいと思います。

私が、ある日曜日の午後、町の製菓チェーン店にシュークリームを買いに行った時のことです。

お店には、ケーキを買うために4人のお客様が並んでいました。店内を見渡すと、スタッフはショーケース越しに1人。あくせくと対応していました。

私が並んで5人となり、後に来たカップルは、並んでいる人の手持ち無沙汰な様子を見て、買うのをあきらめて帰っていきました。

少しすると、奥で作業をしていたスタッフが出てきました。（もう1人いたんだ）、これが私の率直な感想です。日曜日に1人なんておかしいと思っていました。

もしそのスタッフが、お客様の見えるところで作業をしていたなら、スタッフが2人いることがわかり、先程のカップルは帰らなかったかもしれません。

ここで感じたのが、**お客様をただ待たせているだけの状態をつくってしまうことが課題になる**ということです。

スタッフがいるなら、本当に今すぐやらなければいけないこと以外は、まずはお客様の対応が最優先です。

先に注文を聞いておくだけでも、お客様の印象はだいぶ変わります。

最近はラーメン屋で食券を買うところでも、先に注文を聞き、席が空いたらすぐ出せるようスタンバイしておく、といった工夫がなされています。

食券制の導入まではできなくとも、紙にマルを記入してオーダーする方法に変えたり、タッチパネルを導入したりするなどの工夫はできると思います。

また、待ち時間に間違い探しゲームを渡すなど、ゲーム性を取り入れて、お客様を飽きさせないような工夫をしているところもあります。

このような**少しの工夫で、お客様の「待つだけ」の時間が減ります**。

さらに、土日祝日はどこのお店も混むので、店長やオーナーは、**賃金を上げてでもスタッフの人数を確保する**ことに注力するべきです。

このように、まずは現場の状況を知ることで、お客様の待ち時間を減らす工夫を考えることができます。それは、店の売上につながるのはもちろんのこと、働く人に優しい環境をつくることにもつながります。

お客様の待っているだけの時間をどれだけ減らせるか、できるだけ多くのスタッフで話し合い、試行錯誤してやってみてください。

Point

お客様の「待つだけの時間」は、少しの工夫で減らすことができる

11
苦手なお客様には初めてかどうかで対応を分ける

接客業の仕事をしていると、無愛想なお客様や自分の苦手なタイプのお客様に出会うことがあります。また、そういう人も大事なお客様の1人に変わりありません。会話もしないといけないし、うまく事を進めなければなりません。

とは言っても、できるだけ一緒にいる時間を短くしたい、早く終わらせたいというのが本音ですよね。そういった場合は、どう対応していますか？

私は、**初めてで自分に対して好意的でないお客様、もしくは自分を含めた接客スタッフに対して粗雑な対応をするお客様ほど時間をかけます。**

まず、一般のお客様には、私からフリートークをする場合もありますが、先程のような方々には、こちらからはお声をかけません。もちろん、商品説明やサービスの一声「失礼いたします」「どうぞお召し上がりください」などは伝えますが、それ以外の声かけはしません。

ではどうするかというと、その方々のお話を聞いたり、様子を見たりして情報を得て、どんな方なんだろうと想像しながら一生懸命待ちます。

そういった方々も、食事を進めるうちに笑顔になったり、「おいしい」と言ってくれたりして、空気が少し和やかになることがあります。そのような状態になれば、少しお話ししていきます。

自分の苦手なお客様ほど、「時間をかける」。お客様にも人見知りな人もいます。お互いが話をするまでの準備の時間も必要です。「待て」ば、どこかでお話ができる「きっかけ」が降ってくるはずです。

また、**一度来たことがあるお客様で苦手だと思う人には、「濃い内容で短い時間にする」**というやり方で対応しています。

具体的には次のようにします。

1、そのお客様との仕事の準備は、漏れや不備のないようにするけれど、さっさと終わらせる↑これが重要です
2、会う時間ぎりぎりまでは、そのお客様のことを考えないよう、他のことをすることでストレスフリーになる
3、そのお客様との時間が始まる前に「よし！ 今日も早く終わらせるよう頑張ろう！」とポジティブな気持ちにし、勢いよく会いに行く

こうすると、なるべく短く終わらせようという心理が働きます。すると、会話をどんどん進めることができ、普通に会話をするより断然早く終わります。

また、この時間だけは我慢しようと決めた気持ちが働いていることもあり、笑顔も出やすくなります。

知っている苦手なお客様とは濃くて短い時間にする。ぜひやってみてください。

Point

初めての苦手なお客様には時間をかけ、知っている苦手なお客様には濃くて短い時間にする

12 お客様がいつも頼むメニューが売上アップの近道

あなたが「振り返り」によってお客様の情報を得たとします。

今回は、**ある程度お客様の情報がある時に、何をすすめると売上アップにつながるか**についてお話しします。


タイトルの通りですが、**お客様がいつも頼むものに似ているものをすすめるのが一番の近道**です。何より結果が早く出やすいです。

というのは、自分に置き換えるとよくわかると思います。

自分がサービスを受ける時に、今までとはかけ離れたものをすすめられても、ピンと来ないですよね。

よりイメージしやすくするために、具体的な例を挙げて見ていきましょう。

【飲食店の例1】

いつも注文するのがコーヒーベースの何か、というお客様には、コーヒーを使った季節ものの新商品をおすすめします。いつも頼むのがコーヒーなのに、たとえば炭酸飲料の新商品を推しても効果は得づらいです。

【飲食店の例2】

いつもコーヒーを注文するお客様でも、コーヒーだったらどんなものでも好きなのか、いつもの豆を使ったコーヒーが好きなのかで、すすめるものは変わってきます。いつもの豆が好きな場合は、全然違う新しい豆をすすめるより、コーヒーに合う甘いものや食事をすすめる方がいいのです。

【ジムの例】

サラリーマンでナイト会員になっているお客様の場合。お客様との会話で、実は土日の夜はゆっくりしたいという話を聞いたなら、日中も利用できるフリータイムの会員をすすめてみるとよいでしょう。

【美容院の例】

髪へのダメージを気にしているお客様の場合。よりダメージの少ない商品をすすめると効果的でしょう。また、シャンプー後に軽く肩を揉む美容院で、肩こりがひどいという話を聞いた場合。目も疲れている場合もあるので、ヘッドスパをすすめるのもよいでしょう。

このように、**今、そのお客様に提供しているサービスに近いものをすすめると、売上アップに直結しやすい**です。

Point
いつも提供するサービスに近いものが売上アップにつながりやすい

第5章

リピート客のつくり方

1 話が明後日の方向に飛んでも、お客様の話を聞く

第5章では、**リピートしてくれるお客様のつくり方**をお伝えします。

「集客」というのは、接客業において、永遠についてまわる課題です。

正直な話、リピートするお客様でいっぱいになれば、新規のお客様獲得の為にあくせくホームページを更新したり、ネット広告を掲載したりする必要はなくなります。**集客のために今かけている多くの時間やお金が必要なくなる**のです。普段上司から「お客さんが来なくて困る」「集客しなきゃならない」といった言葉が漏れているかもしれませんが、リピート客でいっぱいにすることができれば、この話題が会議で上がることはなくなるのです。

リピート客が増えることは、あなただけでなく、現場で働く人、会社のマーケット担当、オーナーと、会社の全員にメリットがあります。しかし、リピート客をつくる

ためにもっとも大事な役割を担うのは現場の人です。会社の人は、特典や割引などを打ち出すことはできます。しかし、それも現場の人の頑張りがなければ、全くもって意味を持ちません。**リピート客をつくるのは、現場の人の頑張りにかかっている**のです。

私は鉄板焼の仕事で長年、指名・リピート率No．1を維持してきました。そのために私が実践していることの中には、誰にでもできるいくつかのコツがあります。

ここから具体的に、それらのコツについてお伝えしていきます。

まずは、これまで何度もお話ししてきた、**お客様の話をヒアリングすることでリピート客をつくるコツ**です。

接客業をしていると、話好きな人がたくさんいると感じます。(このお客さん、話が長いなあ)と心の中で思った経験があなたにもあると思います。

また常連になればなるほど、話をしたい人、話をしてくれる人は増えます。そして多くのお客様は、自分の話したいことを話したいものです。

そんな中で、話の内容が、最初に話していたことから、どんどんズレていってしまうことがあるのではないでしょうか？

自分の番で話がズレてしまったことも、お客様の番でどんどん話が飛んでしまったことも、あると思います。

私は、話の途中でハッとそのことに気づいても、お客様が話している場合には、途中で止めたりはしません。**むしろお客様にもっと話してもらおうと、積極的に乗っかっていきます**。

話がズレましたねと言って軌道修正して、お客様の飛んだ話を終わらせてしまう。

それが間違っているわけではありません。

では、どうして私が、お客様の飛んだ話に乗っかるのか。

それは、**お客様の新しい話や情報を聞くことができるから**です。

お客様の話には、今後の会話や接客の助けとなるヒントが散りばめられています。

私は**「お客様は育てるもの」**だと考えています。

それは親が子を育てるような、上からの目線というようなものではなく、**「お客様**

と自分の関係を育てる」ということです。

お客様との関係が浅い場合は、なかなか信頼は得られにくいものです。お客様との関係が深くなると、十分な信頼が得られ、そしてそれは徐々に確かなものへと変わってきます。

「自分の友達をここに連れて来ても、仲亀さんが対応してくれればきっと大丈夫だろう」という安心感をお客様に持っていただければ、口コミでお客様もどんどん増えていきます。

リピートしてくれるお客様をつくるには、まずはお客様の話を遮らないようにしてみてください。そこから接客のヒントを得て、さらにお客様に合わせた接客を心がけてみましょう。

Point

話が明後日の方向に飛んでも、お客様の話を遮らずに聞く

2 リピート客をつくるために目を養う

リピート客をつくるには、**お客様がどのようなシチュエーションや立場で来ているかを敏感に察知することが重要**です。お客様の雰囲気を察して話をすることができる人は、一流のサービスマンと言えます。それには「見る目を養う」×「想像力」が必要になります。

ではまず、**「見る目を養う」**ということから見ていきましょう。これは接客業に携わる上で、非常に重要な能力です。

私はどこかに出向いた際には、職業柄、接客をしてくれる人に目がいきます。接客をしてくれた人に対して、どうだったかということを考える癖がついています。その際に「あの人は、目がいいな」と思うことがあります。それは何も視力がいいという話ではありません。**「目がいい」というのは、「お客様をしっかり見ている」**というこ

とです。

「しっかり見ている」というのは、お客様を直視する時間が長いということではありません。ずっと直視されていたら、お客様はリラックスして過ごすことはできませんよね。

ではどうするのか。よく言われるのが、「見るともなく見る」という見方です。これは、見ていないようで実際は見ているということです。**直視しているのではなく、その場の雰囲気を全体として見ている**ようなことをいいます。

この説明で「お客様を直視せずにしっかり見る」ということがわかりましたか？わかりづらいですよね。ですので、どこを見ればいいか、私がいつも見ているポイントを5つお伝えします。これを最初にしっかり確認しておくと、お客様のことをずっと見ていられなくても、お客様がどんなことを求めて来ているか、想像するヒントが得られます。

1、お客様が何人で来ているか

2、複数の場合、どんな関係の人と来ているか
3、時間帯はいつか
4、急いでいるのか、くつろいでいるのか
5、話しかけて欲しそうか、放っておいて欲しそうか

まずはここを確認し、そして次の「想像力」を使って判断します。

2、3度来たことがある人でも、1人で来たのか、2人で来たのかによって、話し方や話しかける頻度は変わります。また、それが恋人なのか、会社の人なのかによっても違ってきます。

お客様を「見て」お客様のシチュエーションや立場を察知し、どんなことを求めて来ているか「想像」してサービスを提供することが大切です。

Point

リピート客をつくるため、まずは「見る目を養う」ことが必要

3 リピート客をつくるために想像する

お客様を「見る」5つのポイントを確認したら、次は「想像力」が必要になります。

ここでの**「想像力」は、お客様がどうしたいか、どう過ごしたいかを考えること**。これは経験によって蓄積され、想像できるケースが増えると思います。

たとえば、1人のお客様でも、1人になりたい人もいれば、話し相手が欲しい人もいます。それは、同じお客様でも、来る度に同じとは限りません。先程の5つのポイントを見て、総合的に判断するのです。

複数でいらした場合は、お客様がその方とどのような関係になりたいのか、想像します。

「目を養う×想像力＝いい目を持つ」。これによって、お客様の雰囲気を察して話しかけることができるのです。

私の判断基準を話します。あくまで私の基準です。

お客様同士で会話が弾んでいたら、私はほとんど話しかけません。

私が行うのは、提供するものの説明や「失礼します」「ありがとうございました」などの声かけぐらいです。

逆に、**お客様同士が、全然話をされていない場合や、緊張感が漂っている場合は、接客する者としての頑張りどころ**です。その場が盛り上がるよう、そしてお客様の関係がよいものとなるよう、あれやこれやと話を振ります。

話のネタという、たくさんの玉を投げることで、どこかでヒットを生み、盛り上がりをつくることができるでしょう。

第1章で話すネタを考える練習をしたのは、このような場面で力を発揮する為です。地道なネタ作りが、この時役に立ちます。

お客様が、付き合いたてで、まだ少し距離のあるような恋人と一緒に来店された場合は、お二人の仲が良くなるように、考えたネタを使い、話をします。

たとえば、お二人の素敵なところをほめたりします。そうすると喜んでくれて、お客様の雰囲気が和らぎます。そうした雰囲気になれば、あとはお二人で仲良くお話しされるでしょう。

これが、**お客様の記憶にいい思い出として残ります。そうすると、あそこにまた行きたいと思う気持ちが生まれ、リピートにつながる**のです。

私が通ったセミナースクールの女性の先生が、鉄板焼の店に来てくれたことがあります。

数年前は、私はただの生徒だったのに、信頼関係が生まれ、母一人子一人で育てた大事な息子さんの大学入学祝いの食事に、当店を選んでくださいました。

何とも感慨深く、嬉しい思い出でした。

お客様が取引先の方と一緒に来店された際は、場の雰囲気がよくなって商談が成立するように、終始努めます。商談が成立する接客をするのです。私ができるのは、成立のためのお手伝いだけですが、**接客で雰囲気をよくすることができるのとできないのとでは、お客様の信頼度が変わります。**

自分の大事な瞬間をつくる場面には、信頼できる場所を選ぶお客様がほとんどです。お客様の信頼を得ることができれば、お客様の大事な瞬間に選んでもらえるようになります。

このように、5つのポイントを見て、想像力を働かせ、察知することができるようになると、「あなたに任せると、どんな時でもうまくいく」と思ってもらえるようになります。この信頼が、お客様の確実なリピートを生むのです。

Point

リピート客をつくるため、「想像力」を働かせることが必要

4 最高のお客様は、細く長く来てもらえる人

一般的に、リピートするお客様と聞くと、週に何度も来たり、毎月決まって来たりする人を想像するかもしれません。

しかし、私が求める「リピートするお客様」はそうではありません。

それは、**長い期間にわたり、来ていただけるお客様のこと**です。

お客様には都合があります。仕事やプライベートのスケジュール上の都合や、金銭面での都合などです。

我々としては、お客様に毎週、毎月と来てもらえたら、こんなに嬉しいことはありませんが、すべてのお客様がそれをするのは難しいです。

それより、どのような頻度でも**「お客様の都合に合わせて長い期間通ってもらえること」**が、**目指すべき理想像**ではないかと思います。

鉄板焼のお客様で、指名で8年間通っていただいているお客様がいます。

そのお客様の来店頻度は年に数回です。

少ない？　そうです。今あなたが思ったとおり、多くはありません。

では一体、どういった時に来店なさるかというと、記念日や、大事な人を招待したい時に利用していただいています。

それもそのはず、一回で数万円する食事を、躊躇なく楽しむことができる方はごく僅かです。


このように、お客様の来店は、懐事情やスケジュールに大きく左右されます。

いくら自分で素晴らしい接客をしたと思っても、すぐにお客様の来店という形で返ってこないことは、往々にしてあります。

その理由は、接客なのか・その場なのか・お客様の事情なのか、答えはわかりません。

ですので、我々ができることは、毎回自分ができる精一杯の接客をすることです。

お客様の中には、10年越しの結婚記念日に来店される方もいます。それは、あなたの接客や店がよかったからです。

ですので、同じお客様がすぐに戻って来なくても、気に病むことはありません。

それよりも、**毎回どのお客様に対しても、これまで得た接客術を使い、いい時間を過ごしてもらうことが大切**です。


時には寝不足で頭が働かなかったり、疲れてヘトヘトだったりすることもあると思います。

ですが、**目の前のお客様は、今この時にいるのです。自分がつらい時も、できる限りあなたらしい接客をしましょう**。

あなたがその時できる精一杯の接客をすることで、お客様が戻って来てくれる確率が上がるのです。

Point

「お客様の都合に合わせて長い期間通ってもらえること」が理想

5 商品に自分たちで付加価値をつける

ここでは、ちょっと視点を変えた話をします。

お客様がリピートする理由は、そこの看板のサービス（商品）が素晴らしいことだけではないという話です。

私の職場の駅前にあるチェーンのラーメン屋さんの話です。

いろいろな場所で目にしたことがありますが、他の店舗に入ろうとしたことはありません。いつもお客さんで溢れている繁盛店で、私は抜群においしいと思っているわけではありませんが、そのお店にもう10年ほど通っています。

そこでは、スタッフの仕事は分業制で持ち場が決まっていて、無駄がありません。常に活気に溢れ、スタッフ同士で話をしつつも、仕事はみなさんバリバリこなしています。その日の接客担当は、私も何度も見たことのあるベテランさんでした。

隣のお客さんが、ラーメンが出来上がる直前に、麺を硬めに変更しました。私は（え？ 今変えるの？）と思いましたが、スタッフさんは嫌な顔一つせずに承諾し、麺担当の人に変更を伝えます。

最初に茹でた麺は他のお客様に先に提供されたのか、そこはどうなったのかわかりませんでしたが、お客様の要望に向き合い、サービスを提供するという姿勢が、その一瞬に凝縮されていました。

これが会社で教育されていることなのか、そのベテランさんだから為せることなのかは、お店の人に聞いてみないとわかりません。しかし、サービスを提供する一人として、大変学びがあると感じた出来事でした。

こういった**特別なサービスができるということは、どこにおいても価値があること**だと思います。特別おいしいと思わないありふれた味でも、こういったサービスがあるだけで、お客様はリピートするのです。

これはある種、リピートを生む高度な秘訣です。モノやサービスを提供する店において、自分たちで商品を開発できるところは、ごく僅かです。大抵のところは、商品開発をする人と、実際に現場で売る人は、異なることがほとんどです。それは大手になればなるほど、別になります。

しかし、このお店のように、**たとえ提供する商品やメニューが出来上がっていても、自分たちで付加価値をつけることができる**のです。

こういう方法でも、お客様のリピートを生むことができます。

Point

商品に自分たちで付加価値をつけることで、リピートを生むことができる

6

「口コミ」が最も確実にお客様を増やすツール

この章の最初に、接客業において、集客は永遠の課題であるとお伝えしました。**集客をする際、お客様を最も確実に増やす方法が「口コミ」**だと私は思います。

口コミとは、噂や評判を口伝えで広めるという意味の言葉です。口伝えは、人から人へと言い伝えること。何か人から聞いたことを、さらに別の人に話すという、リレー形式で伝えていくことをいいます。口コミの「コミ」はコミュニケーションを指しています。

口コミは馬鹿にできません。むしろ、もっとも重視すべきであると私は考えています。**口コミが悪ければ、自分たちが気づかないうちに未来客が減る**のです。

それは、今来ているお客様の意見が、その口コミに含まれているからです。

「あの店のハンバーグは絶品だった」
「あのジムは、丁寧に教えてくれるトレーナーがいた」
「あのサロンは、バタバタしていてゆっくりできなかった」

このように、率直な感想が人づてに伝わります。

よく思ってくれたお客様のお墨付きも、悪い印象を持ったお客様の率直な思いも、広まっていきます。

我々は日頃、口コミと似た方法で商品を購入していることがあります。インターネットで何かを買う時に、レビューを見ることはありませんか？　もしくは、コメント欄はどうでしょうか？　そこで買うか買わないかを判断していることは意外と多いと思います。**自分で決めているようで、他人の意見が頭に残っていたりします**。

お客様も同じ気持ちです。

たとえば、自分が入ったことのない店を、歩いている時に目にしたとします。（あ、この店はAさんがおいしくないと言っていたな）と、ふと思い出しました。このように、自分の親しい人から聞いた意見であれば、それだけでそのお客様の「利用しない店」となったりするのです。

人は、誰かがいいと言ったものを信用して欲しがります。レビューで高評価のついている商品がよく売れるのはそれが理由です。口コミも同じ、お客様の評価が詰まっているのです。

このことでもわかるように、いい口コミを広めてもらえるような店にできれば、リレー形式でお客様は自然と増えていきます。

では、どのようにしたら、いい口コミが生まれるのでしょうか。

次は、その方法をお伝えします。

Point

お客様を最も確実に増やす「口コミ」を上手に利用する

7

お客様の話の登場人物に、未来のお客様になってもらう

口コミが、集客において非常に効果があることがわかりました。

では、いい口コミを広めてもらうために、こちらからお客様に仕掛けていきましょう。

もちろん、お客様に直接、「ここのことをお友達に話してください」「広めてもらえませんか?」と言うのもアリです。

しかしもっと確実に、お客様の口コミを利用し、集客できる方法があります。

それは、**「お客様と話をしていて、その話の中で出てきた人に来てもらうこと」**です。

これは、お客様とコミュニケーションができている時にのみ使える、必殺技です。

これまでにお伝えしてきた会話のネタや話しかけ方などを使い、お客様との距離が近くなっていることが大事です。

ではその技を、ここまで読んでくれたあなたに、特別に伝授します。

常連のお客様と話している時に、家族やパートナー、職場の人の話が出ることがあると思います。

「今朝、旦那がね…」
「子どもが今度、小学校の入学式で…」
「昨日、会社の人と飲みすぎちゃって…」

そんな話が出た時です。

話がひと段落したあとに、言うのです。

「その方と、今度一緒にいらしてください」と。

拍子抜けしましたか？

確かに、なんてことのないセリフです。ですが、口コミや集客を考えた時には、絶大な効果を発揮するセリフなのです。

このセリフのねらいは何かというと、**お客様の頭の中で、「その人と一緒に来ることを考えてもらう（想像する）機会をつくる」**ことです。

意外に思われるかもしれませんが、1人で何度も来ているお客様はなかなか、「誰かと一緒に来る」という発想を自分では思いつかないものです。

なので、それをこちらが伝えるのです。

1人で来ているお客様も、誰かと来たくないと考えているわけではありません。

たとえ、ここは自分の秘密基地だと思っているお客様でも、心の奥底で、自慢したい・伝えたいという欲望は持っているものです。

そして、それほどまでに気に入ってくれているお客様の口コミが、悪いものであるはずがありません。

「駅から遠いんだけど、居心地が良くて…」
「ちょっと高いけど、技術はすごいよ」

よく知っている分、いいことも悪いことも伝えてくれるでしょう。

それでも、**実際に何度もそこに行っているという事実が、知らない人からしたら「確かな情報」として記憶される**のです。

そして、その常連様の誘いに、未来のお客様は「どんなところなんだろう」と少し緊張しながらも、前情報のおかげで、ワクワクしながら来てくれるはずです。

集客においての私の必殺技は、「一緒にいらしてください」とお話しすることで、お客様に、話に出た人と一緒に来ることを想像させ、実際に連れてきてもらうことです。未来のお客様を、常連様から連れてきてもらうのです。

Point

お客様に話の登場人物を連れてきてもらい、未来のお客様になってもらう

8 海外のお客様でもリピート客になってもらえる

海外のお客様がいらっしゃった時にあなたはどんなことを考えますか？観光かな？出張かな？日本に住んでいるのかな？

また、どうしようかな？と、ちょっと構えてしまう人もいると思います。

苦手意識がある人は、まずは**「日本人のお客様と同じように接する心構え」を持ちましょう**。言語がわからないからと言って、同じ対価を支払うお客様へのサービスに優劣があってはなりません。言葉の不自由さはあっても、どのお客様にも同じようにこの場を楽しんで帰っていただこうという気持ちを持ちましょう。

特に観光で来ているお客様にとっては、日本の旅の思い出として残ります。数々の場所がある中で、自分が関わる場所に来てくれたのは運命です。ぜひ楽しかった思い出の1つとして記憶していただきましょう。

また、**海外のお客様がリピート客にならないかと言ったら、そうではありません。**

私の常連のお客様の中には、アメリカ在住で毎年必ず来店されるお客様もいます。

私は英語がほとんど話せません。会話が必要な時は、わかる英単語をいくつか並べるのが精一杯。そんなレベルでホテルの接客ができるの？と思われるほど下手くそです。ですが、そんな私にも、アメリカから訪ねてくれるお客様がいるのです。

そのお客様が話せる日本語は、「コンニチハ」「はい」だけです。したがって、２人で話すとなんとももどかしい会話になるのですが、それでも毎年来てくれます。ある年には娘さんを連れて、またある年には弟さんと一緒に、来てくださいました。

それは、**私の伝えたいという想いと動作やジェスチャーで、「非言語の会話が成立している」**からだと思います。

これは、私が接客を受ける立場になっても感じることです。

私が何度もリピートしているカレーの店には、外国人の店員さんがいます。その人は、お世辞にも日本語が上手とは言えません。私の英語レベルです。ですが、気配りが素晴らしいのです。

そこは食事する各テーブルに水ポットがあり、おかわりは自分で注ぐスタイルです。ある時、私が食事を進めるにつれて水がなくなり、氷だけは満タンに入っている状態になりました。氷が入っているので、水がなくなったことは、よく見ていなければわかりません。それにもかかわらず、水がなくなったことに遠目から気づいてくれて、たっぷりの水が入った水ポットを持ってきてくれました。

このような気づかいからは、「自分ができるサービスをお客様にしたい」という心が伝わります。

そんな気配りをされると、言葉が少しわからないことなんて、大したことではないように思えてきます。**一生懸命さというのは、言葉でなくても通じる**のです。

たとえ言葉が通じなくても、リピートするお客様というのはつくれるのです。

Point

海外のお客様でも気づかいが伝わればリピート客になってもらえる

9 お客様をほめるとリピート率は上がる

あなたはお客様に伝えたいことを伝えていますか？

お客様がいらっしゃり、目に入った瞬間、素敵な人だなと思ったこと。お話をしている中で、話し方に品があるな、話が上手だなと思ったこと。持ち物が素敵だなと思ったこと。家族思いのエピソードを聞き、優しい人だなと思ったこと。そんな経験があると思います。

その時、いいと思ったそのことを伝えたことはありますか？

接客中に言うのはなかなか勇気がいることかもしれません。でも**これを言えるか言えないかで、お客様のリピート率は変わる**のです。

お客様はエスパーではありません。言わなければ、伝わりません。一方、ちょっと気づいたことを伝えるだけで、お客様のあなたへの認識は180度変わります。

私が1冊目に書かせていただいた本は、『お客様の心をつかむ　魔法のほめ言葉事典』（秀和システム）という、人をほめる内容です。この本が生まれたのは、当時の編集者さんとのこんなやりとりがきっかけでした。

編集者さんから、「仲亀さん、ちょっと私をほめてみてくれませんか？」と言われ、いいなと思うところを伝えました。するとその編集者さんは、「もっとほめてくれませんか？」とおっしゃいました。まだまだいいところだらけの方だったので、別のところをほめました。すると、「もっと別のところはありますか？」と。このやりとりを何度も繰り返したあと、編集者さんは笑顔で「仲亀さん、ほめる本にしましょう！」とおっしゃったのです。**私の指名・リピート率が高い理由には、ほめ上手もある**ということを編集者さんが見つけてくれた瞬間でした。

自分がほめ上手だという自覚は全くなかったので、その時は驚きました。しかし、確かに私は、誰かと話す時も、接客をしている時も、自分が相手に対していいなと思ったことは、きちんと伝えてきました。特に接客では、お客様が帰ってからでは伝えることができないので、お帰りになる前にお伝えするようにしていました。

私が指名・リピート率Ｎｏ・１を長年維持できているのは、どうやらこれも関係していたようです。

実践したいとは思うけど、どうやったらいいかわからないという方は、『魔法のほめ言葉事典』を読んでみてください。

最初は抵抗があるかもしれませんが、お客様を一度ほめると、次はもっとスムーズに口にし易くなります。言えば言うほど、次に伝える時のハードルが低く、あなたが楽に伝えられるようになるのです。

また、**いいと思ったことを伝えると、お客様の中であなたとの思い出が芽生え、その結果、あなたに「また会いたい」という気持ちが生まれます。**

お客様のいいと思ったことをあなたが口に出すだけで、お客様のリピート率は変わるのです。

Point

お客様のいいと思ったことを口に出すだけで、リピート率は変わる

10 とにかく思い出してもらえる機会を増やす

会社の上の人は、リピート客を増やせと簡単に言うかもしれません。

しかし、これほどたくさんの類似のサービスを提供する店がある中で、リピートしてもらうのは並大抵のことではありません。1回目は初回特典で安くなったり、プラスでサービスが受けられたりすることもあります。何より初めて行くところなので、それだけで刺激が強いものです。しかし、2回目以降はそうはいきません。

と、リピートをつくるのがいかに難しいか、という話をしたところで、それはみなさん重々承知のことだと思いますので、この辺にしましょう。

では、一度来たお客様にもう一度来てもらうには、どうしたらいいでしょうか？

我々が一度行った店をもう一度利用するには、そこを一度でも思い出す必要があります。毎日通る場所なら、通る時に思い出すこともあると思いますが、徒歩圏内にある店は限られています。

また、最近はネットで検索して店を選ぶ人がとても多く、それがいずれも家の近くとは限りません。誰かとの待ち合わせの駅で条件に合った店を探したり、そこの評判を聞いてわざわざ遠くから行ったりすることもあると思います。

そんな様々な場所を選べるようになった我々が、**同じところにもう一度行く理由は、そこで得た「いい思い出」をもう一度味わいたいから**です。

いい思い出は、おいしいと思った記憶や、他では手に入らない商品や食事、独自のサービス、スタッフとのやりとり、一緒に行った人との会話など、いろいろな要素によってつくられます。

それを思い出すことによって、あの時のいい気持ちがまた得られるかもしれないという期待が生まれ、お客様のリピートにつながるのです。

また、いい思い出を**1回思い出すのと、2回思い出すのとでは、2回思い出した方が、リピートする確率は上がります**。

最近は、予約サイトから送ることができる来店のお礼メールや、ライン登録、クーポン配信など、お客様に思い出してもらうことを促すツールが数多くあります。それは会社のマーケティング担当者が活用していると思います。

しかし、一番お客様との距離が近いのは現場です。第5章の最初にお伝えしたことを覚えていますか？　お客様の思い出は、ディスカウントのメールではなく、現場の人から得たサービスによってつくられます。

つまり、最もお客様のリピートを生み出すことができるのは、我々なのです。

もちろん、メール配信なども、現場の人が接客の際にうまく話に組み込むことができれば、お客様のリピート率を上げることにつながります。

この章では、リピートをつくるためにいろいろなお話をしてきましたが、これだけは忘れないでください。

リピートは、我々がお客様にどんな思い出を残せたかに左右されるのです。

Point

いい思い出をたくさん残して思い出してもらえる機会を増やす

第6章

「あなたに会いたい」の生み方

1 指名される・選ばれる人になる

最後の章では、あなたが「お客様から選ばれる人になる」為に、自分からできるちょっとしたことや、少し考え方を変えるコツをお伝えします。

どの業界でもそうですが、Ｎｏ・１になっている人が、他の人と全く違うことをしているわけではありません。スポーツの世界もビジネスの世界もアートの世界も、Ｎｏ・１になっている人・有名になっている人が、その世界の他の人たちと全く別のことをしているわけではないのです。

ベースとなる方法や考え方は同じです。ですが、人より多く練習したり、人より長くそのことを考えたりすることで、ひらめきがあったり、新しい方法を思いついたりして、他の人とは違う、その世界で特別な人になることができます。

つまり、今と全く違うことをしなくても、**少し考え方を変えるだけで、お客様から選んでもらう人になることができる**のです。

選ばれる人とそうでない人とでは、今は同じ役職で同じ仕事をしていても、これから先の未来が歴然と変わります。

私も、数年前と今とで、本当に変わりました。

最初は私も普通の会社員でした。ですが、**お客様から選んでいただいたことで、知らなかった景色を見ることができました**。雑誌やテレビに出たり、本を出版したり、セミナーを開催したり、コンサルティングの仕事を得たり…。それまでとは違う、新しいことをするチャンスを得たのです。しかも、大好きな鉄板焼の仕事をしながら、です。

指名があるような職業に就いている人だけでなく、**どんな人でも、人生において選ばれる人になりたいもの**です。

しかし、今までと同じように行動していても、何かが突然、劇的に変わることはありません。「誰かが見つけてくれるかもしれない」「真面目に取り組んでいればいつか評価される」、そう思ってただ待っていても、変わる可能性は低いでしょう。

一番確実で手っ取り早いのは、自分が変わることです。

私は、自ら「指名をしてください」とお客様にお願いしたことはありません。ですが、今からお伝えするようなことを自分で考え、お客様が喜んでくれるよう努力しました。すると次第に、「仲亀さんにお願いしてもいいですか?」と言っていただけるようになったのです。

指名される人・選ばれる人になるために、今の自分には何が足りなくて何が必要なのか、ここにヒントがあれば、マネしてやってみてください。

そして今度は、あなたが選ばれる人になってください。

Point

指名される・選ばれる人になると、知らなかった景色を見ることができる

2 お客様ごとに会話のネタを事前に考えておく

それでは、私が日頃、接客の際にどんなことに気をつけているかをお伝えします。

ここでは、**頻繁に利用してくださるお客様に対してしていること**をお話しします。

私には、出勤日に毎回利用してくださるお客様がいます。本当にありがたいことです。そのように頻繁に利用してくださるお客様にも、他のお客様と同じように、毎回喜び、楽しんでもらいたいと考えています。しかし、**毎回同じこと、同じサービスを淡々と提供していては、喜びというのは生まれません**。何か変化が必要なのです。

それにはどうしたらいいでしょうか？

日替わりメニューのようなものがあればいいのですが、飲食店でも365日、毎日違うものが出せるところは稀です。また、サロンやジムなどは、商品やメニューを毎日新しくするのは困難でしょう。ですので、商品以外でその変化をつくる必要があります。コストのことも考えると、**一番いいのは会話です**。

会話の基本のネタ作りは、すでにしっかり学んでもらったので、ここでは、頻繁にいらっしゃるお客様の為のネタの作り方をお伝えします。

効果的なのは、「お客様ごとに話す話題を考えておく」ことです。

それってすごく大変なんじゃないか、と思ったかもしれません。しかし、そんなことはありません。考える際にたくさんの時間を割く必要はないのです。

こんな感じで考えてみてください。

・前回の話が盛り上がったので、その続きを話そう
・お客様が好きな俳優の記事を今朝目にしたので、それを話そう
・週末（休み）の予定の話をしてみよう

頻繁にいらっしゃるお客様とは、話の幅も広いので、いろいろなところからネタを引っ張ってくることができます。

しかし、**自分が興味のないことを、お客様との会話のネタにする必要はありません。**なぜかというと、お客様ごとに話のネタを考えるのは、そのネタでお客様と盛り上がりたいからであって、あえて自分が苦手なネタを準備する必要はないからです。あなたも好きなものや、この話をあのお客様と楽しみたい、そう思うことができそうなものを選びましょう。

こうして、「お客様と話すためのあなたも話したいネタ」を少し考えておくだけで、今日もお客様に楽しんでもらう準備をすることができるのです。

Point

お客様ごとに自分も興味がある会話のネタを事前に考えておく

3 選ばれるには聞くだけでなく自分の話もする

あなたは自分の話をしていますか？　これまで口酸っぱくお客様のヒアリングに力を入れてくださいと話してきましたが、**選ばれるためには少なからず、自分の話もする必要があります**。何の情報もない人のことを、お客様は選びたくても選べません。

こちらのことを積極的に尋ねてくれるお客様ばかりであれば、受け身でもいいのですが、そんなこともありません。人は相手に一瞬興味を持っても、そこで知りたい情報を知り得なければ、興味は持続しません。そのためには、お客様が知りたいこと、疑問を持つようなことを自分から話す必要があります。

今まで相槌ばかりで自分の話をしてこなかった人は、ちょっとでいいので、自分の話をする癖をつけましょう。話をしてきた人は、「いつ話すのか」「自分の何を話すのか」ということを考えてみましょう。
たまに間髪入れずに、ずーっと自分の話をするお客様もいらっしゃいますが、だいたいのお客様は、我々との会話を楽しんでいらっしゃいます。

ではまず、いつ話すか、です。

話しやすいのが、**お客様の話を聞いて自分にも似たようなことがあれば、そこであなたの話をする**ことです。自然に気を張らずに話せると思います。
その時に注意するのは、相手の話が終わっていないうちに話し始めないようにすること。自分の話を遮られると、お客様はおもしろくありません。お客様の話を聞いたあとに、「自分も〜なんです」といったように話しましょう。

それから、**お客様があなたに関心が湧いてきている時**というのを、感じることがあると思います。こんな時は、自分の話をするいいタイミングです。

・さっきまでと印象が変わって好意的になった
・お客様が自分の方に身体をまっすぐ向けている

・「どう思いますか？」など、自分に質問してくる

さらに、お客様が話し終えた時に、間ができることがあると思います。その時に、あなたが用意した自分の話をすれば、気まずさも生まれません。

次は、どんな話をするか、です。

私は、今後自分がやりたいこと・将来の夢や目標、今集中していること、興味があることを話します。特に、なるべくポジティブな話をするようにしています。もしかすると、お客様が未来のスポンサーになってくれることもあるかもしれません。

自分の話をする時間というのは、あなたの「自己ＰＲの時間」でもあるのです。

したがって、私は、指名のお客様になればなるほど、自分のことを話すようにしています。

Point

お客様に選ばれるためには、聞くだけでなく自分の話もする

4 効果的な名刺の使い方

あなたは名刺を持っていますか？　持っている人はどのように使っているでしょうか？

ただ渡すだけでは、名刺は紙切れになってしまいます。何のためにお客様に渡すのか、ということを考えてみましょう。

人によっては、名刺を持っていない人もいるかもしれません。

指名される人や選ばれる人になるには、「他の人と区別してお客様に認識してもらう」必要があります。

もちろん、お客様があなたを認識して覚えてくれるなら、名刺にこだわる必要はありません。

ただ、名刺があれば、それが容易になるのは事実です。**名刺は「あなたの名前を覚**

えてもらうため」に渡します。

では、次に、私が名刺をどのように活用しているかをお伝えします。

鉄板焼の仕事の際は、私はお客様にすぐに名刺は渡しません。**お客様と十分にコミュニケーションをとり、自分の話もした上で、最後に渡します**。どこが渡すタイミングかというと、「お客様から名前を尋ねられるぐらい」自分のことに興味を持ってもらった時です。

したがって、毎回毎回お客様に名刺を渡すわけではありません。正直なところ、お客様もそんなに興味のない人から名刺を渡されても困ると思います。名刺を渡したのに、テーブルに置いて帰られたら、ガッカリします。

ですので、私の場合は名刺を渡すことを意識するのではなく、**「名前を尋ねてもらうくらい話すこと」に力を注ぎ、頑張ります**。そして、もう渡しても大丈夫だなと、自らのGOサインがでたら、渡すようにしています。

私が最初に名刺を渡すのは、指名のお客様のお連れ様だけです。名乗る際に、失礼のないようになるべく最初にお渡しします。

ですが、お客様同士で盛り上がって話をしている場合や、私を紹介することが目的でない場合もあります。その場合は、他のお客様同様、お連れ様と私で十分コミュニケーションをとった後に渡しています。

また、私は、接客をしていて自分の苦手なお客様には名刺は渡しません。その場合は、お客様もおそらく私と合っていない、相性が悪いと思われていると想像されるからです。

私は、**「このお客様にまた来てもらい、自分が担当したい」と思うお客様に渡す**ようにしています。

Point

名刺を渡すのは、お客様と十分にコミュニケーションをとってから

5 嫌われていたら、覚えてもらう絶好のチャンス

今回は、最初の印象が悪い場合にも、挽回のチャンスはあるというお話です。

「いらっしゃいませ」と私がお客様を迎えた瞬間、お客様から、「え?! 女性のシェフ? 男性のシェフに変えて欲しい」と言われたことが残念ながら幾度もあります。何万円もする食事に、自分より遥かに若い女性に焼いてもらいたくないと思われた結果だと思います。何もさせてもらえないまま、拒否されてしまった苦い経験です。

これは、ある意味では仕方のないことだと思います。お客様の価値観や経験は、お客様のもの。それを決める物差しを我々は持っていません。たとえば、マッサージ店で働いている女性がいて、彼女の指圧の力は強いとしましょう。それでも、お客様が来店し、力の強い人を希望する時、多くの場合は男性が選ばれるでしょう。そのよう

な、自分ではどうしようもないことが、世の中にはあります。

しかし、**最初の印象が悪い場合でも、お客様から担当を変えて欲しいと言われるまでは、いつも自分にチャンスがあります。**

私の場合は、鉄板焼の女性シェフということもあり、まだまだ世の中では珍しいため、今までにいろいろなことがありました。

以前は、本当に100人のお客様がいたら100回「女性なんだね、珍しいね」と言われていました。それはいい意味でも悪い意味でも、です。私はたとえ最初の印象が悪くても、何食わぬ顔で焼き始めます。逃げられなかったし、逃げたくないという思いもありました。当時は悪い印象を払拭するため、自分の技術を上げ、経験を積み、自信をつけることで、折れそうになる心を奮い立たせていました。

最初に怪訝そうな顔をしているお客様でも、私の技術と接客を体験してもらうと、途中で表情や空気感が変わることがあります。そうなると、私はしめしめと思います。マイナスの印象からスタートしているため、後はもう上がるだけだからです。さらに、マイナスからプラスへの感情の振れ幅が大きいので、お客様に強い印象を残します。

最初の印象が悪いと、それだけで印象が強い場合が多いです。特に私の場合、男性社会の中の女性シェフなので、見た目にも覚えやすく、お客様の記憶に残りやすい。そして**マイナスからのスタートで、技術や接客で喜んでいただいてプラスに転じると、インパクトが強い**。したがって、最初は怪訝そうなお客様が、指名をしてくれるように変わることはよくあります。

あなたが、**このお客様に嫌われているかもしれないと思ったら、その時が次に選ばれるチャンス**です。負けないで、最後まであなたの信じた接客を貫いてください。そこでお客様の笑顔が生まれたらあなたの勝ちです。きっと次回、指名で帰ってきてくれるでしょう。

Point

嫌われていると思ったら、次に選んでもらう絶好のチャンス

6 いいサービスを見つけたら、すぐにまねる

私は、**日頃行くお店でサービスを受けた際、「これいいな」「あのサービスがすごかったな」と思ったら、すぐに自分の接客に落とし込む**ようにしています。

まず、どんな風なサービスだったかをメモします。そしてそれを見ながら、自分だったらどういう風にしたらいいかというのを考えます。

メモには、自分が勉強になったことを書いてください。自分ができていないこと、マネしたいなと思うことを書きます。

私が先日受けた素晴らしいサービスのメモを例に挙げます。

【メモ】

接客の女神のようなおばあさん

「もう少しお時間いただきます」

「ありがとうございます！　どうぞ」

些細な声がけ

70代後半くらいの女性が、駅のトイレを掃除していました。その人の仕事は主に掃除ですが、私が受けたのは一流の接客でした。というのも、掃除の綺麗さもそうですが、その人はお客様に声をかけながら掃除をしていたのです。ゴミを拾いながら「もう少しお時間をいただきます」。掃除が終わった後は待っている方に対して、「（お待ちいただいて）ありがとうございます！　どうぞ」。

そんな声かけをするトイレ掃除の人を見たのは、生まれて初めてです。曇りのない美しい笑顔でした。私は、電車に乗る前にこれをメモし、仕事に向かいました。

このメモによって私がしたこととは、自分のお客様への声かけをもう一度見直すことでした。言わなくてもいいかと自分で曖昧にしていたことも、それからは言うように気をつけています。些細なことも、お客様（受け取り手）がどう思うかはわかりません。それが、自分が言わない理由にはならないと思うようになりました。

たとえば、これまで私は、お客様との会話中に細かい齟齬があっても、話の途中で確認することはあまりしてきませんでした。しかしこの気付きによって、お客様にきちんと確認するようになり、誤解が生まれづらくなりました。それにより、お客様との関係性がより深まり、お客様の信頼も確かなものに変わりました。私の出勤日を電話で店に確認してから来てくれるような、そんなお客様もいらっしゃいます。

このように、**いいと思った接客を忘れないうちにメモし、自分の接客に落とし込み、実行に移すようにすると、自分の接客が日々ブラッシュアップされます。**

常に自分の接客を修正していくことで、どんどんよくなっていきます。

自分がサービスを受ける機会はすべてが学びの場です。誰に教えてもらうわけではなくても、我々の日常は学びに溢れているのです。

Point

いいサービスを見つけたら自分の接客に落とし込む

7 お客様が少ない時こそ、指名を増やすチャンス

どの仕事にも、繁忙期や忙しい時間帯とは逆に、閑散期や暇な時間帯というのもあります。

忙しいと、お客様の対応に追われます。そのような状況で、1人1人のお客様とたくさん話す時間を持つのはとても難しいことです。お客様と話してばかりだと他のスタッフからも苦情が来るでしょう。ですので、スピーディーに動くようにします。

では、お客様の少ない時には何ができるでしょうか。

私の師匠がよく言っていたのは、「ギアを変えろ」という言葉でした。ギアは歯車と歯車の組み合わせのこと。忙しい時はそのギアを細かく、そうでない時は、間隔を大きくします。

つまり、閑散期はお客様にゆったり過ごしてもらう。繁忙期はすべてのお客様をお

待たせすることがないよう、我々がお客様の滞在時間をコントロールする。

このように、忙しい時とそうでない時で、自分で自分のギアをコントロールできてこそ一人前だと話していました。

忙しい時には忙しい時のやり方、お客様が少ない時には少ない時のやり方と、頑張りどころは変わるのです。

お客様の少ない時というのは、指名を増やすことができるチャンスです。お客様とじっくり会話をし、自分の話もすることができます。

また、他のスタッフにも余裕があります。ですので、店全体に張り詰めているような緊張感がなく、お客様にもリラックスしていただきやすいと思います。

私の場合は、まずお客様に、お時間があるかどうかの確認をします。ゆったりできるようでしたら、食事を出すスピードもいつもよりゆっくりにします。そして食事に合わせて会話も、いつもの1・5倍から2倍にします。そのように、時間をたっぷりかけてお客様とコミュニケーションをとります。そうすると、お客様の話もたくさん聞けますし、自分の話もできます。それにより、お互いのことをよく知り、また会いたいとお互いが思うことで、次回の指名につながります。

お客様にあまり時間がない場合は、料理や飲み物の提供は早くします。私もお客様にベラベラ話しかけることはしません。ここでするのは、食事を食べ終わったあとの、余暇の時間が長くなるように調整することです。食事の時間は食べることに集中してもらいやすい状態をつくり、その後の時間を長くすることで、お客様とコミュニケーションをとっています。

このように、**お客様が少ない時でも、お客様が急いでいる時とそうでない時とで接客法を使い分け、その時々でお客様に楽しんでもらう**ようにしています。

お客様の少ない時こそ、あなたのファンを増やすチャンス。ここぞとばかりに話してみてください。

Point

お客様が少ない時こそたっぷりのコミュニケーションで指名につなげる

8 仕事の選択の場面ではキツい方を選ぶ

あなたの目の前に、楽な選択肢とキツい選択肢があるとします。その時、あなたはどちらを選びますか？

どちらが正解というわけではありません。

ただ今まで、あなたは自分で選択できる時に、楽な方とキツい方のどちらを選んできたでしょうか？今までのことを思い返してみてください。

どうでしょうか？また、そこで得られたことは何だったでしょうか？

楽な方を選んだなら、安心や心の平和などが得られたでしょう。キツい方を選んだなら、ストレスや負担、不安、成長などがあったと思います。

私は、Ｎｏ．１になるまで、**自分で選択できる時はキツい方を選んできました。**理由は、その方が早く成長できると思ったからです。私は、自分が真剣にやっていることに対して真面目だと思います。そうだとすると、楽な方を選ぶといずれまた同じところでつまずき、また選ぶ時が来るのは目に見えていました。**何度も同じことで悩むなら、1回目でキツい方を選ぶ方が、結果として苦しまずに済む**と思ったのです。

またそれが、自分で選べるものだったということも大きな理由です。会社に属していると、仕事の大抵のことは選ぶことができません。決められていること、上からの指示で与えられることがほとんどだと思います。ところが、私の師匠は賢い人で、無理なことはやれとは言いませんでした。裏を返せば、私が選べることは、そのぐらいのことなのです。

1人アメリカに行くことを決めた時も、そこまでしなくてもいいんじゃないかと、行くまで毎晩悩みました。英会話もろくにできず、知り合いも誰もいない。日本で仕事があるのに、それを捨ててまで行く必要があるのかと、そう考えました。ですが、行って世界の鉄板焼を知りたかった。**自分が興味のあることを知る機会を得たにもかかわらず、挑戦しないで生きることを選びたくなかった**のです。

アメリカに行き、若い女性は絶対に1人で泊まらないと言われる安モーテルに泊まったところ、初日に外で銃声が聞こえ、毎日ビクビクしながら過ごしました。

それでも行ってよかったと本当に思います。自分がキツくつらい方を選んだおかげで、今があります。


あなたにも、毎日の仕事の中で、選択できる場面があると思います。お客様の要望だったり、誰かがしないといけないことだったり、面倒くさいことだったり。

選ぶ時は苦しいかもしれませんが、キツい方を選んでみてください。

今、つらいと思うことも、選び続けると、1年後には何てことのないことになっています。毎回キツい方を選んで選んで、それができるようになると、きっと今は想像できないくらい、強い自分になっています。

そのすべてが経験となり、あなたの価値となるのです。

Point
選択の場面ではキツい方を選ぶと、すべてが経験となり、価値となる

9 クセの強い人ほど指名客になりやすい

クセが強いお客様や横柄な態度を取るお客様を接客することは、キツい方を選ぶこととつながるところがあります。数多のお客様の中には、行動や言動が変わっているお客様もいると思います。私も今まで、そのようなお客様にたくさん出会いました。

その中で気づいたのが、**クセの強い人ほど、指名する傾向にある**ということです。理由もわかっています。それは、そういう人ほど、受け入れてくれる人や場所が限られているからです。

こだわりが強い人は、自分がいいと思う場所にしか行きません。クセの強い人も似たところがあります。そこで提供しているサービスを超えて、自分の望むものを要求したり、細かすぎる注文をしたりします。そうすると、あちこちで煙たがられ、行けるところを自分で狭めてしまっている可能性があります。

ですので、そういう人は自分を受け入れてくれる人や場所をとても気に入ります。そして、指名もするようになるのです。

ここでは、そういうことがわかっているからといって、「そのような人がいたら、すぐさま指名してもらえるように努力してください」ということを言いたいわけではありません。

ですが、そのような人が、指名をする・個人を選ぶというのは、今までの経験上、よくあることだと思います。

したがって、そういう人が来た時に、（ああ、近づきたくないな、何か変なことを言われたら嫌だな）と思い、避けてきた人は、ここで少し見方を変えてみて欲しいのです。**そのようなお客様が来た時には、まず一度、向き合ってみてください**。

そして、その人のことが本当に苦手なのか、ちょっと変わっていると感じるくらいで、そこまで苦手でもないのか。それを自分で知って欲しいと思います。

もし、耐えられないくらいつらいなら、無理はしない方がいいと思います。人間には得意不得意が必ずあります。生理的に受け付けない人もいます。それも人それぞれだからです。

しかし、お客様と直接話をして、自分が耐えられるくらいの人は、私の場合は自分のお客様になってもらった方がいいと考えています。

自分が（アレ？ このお客様は変わっているな）と思うお客様は、他のスタッフもそう思うことが大半です。

ですが、先に述べたように、自分が耐えられるお客様と、他のスタッフが耐えられるお客様は、必ずしも同じではありません。自分はちょっと我慢すれば耐えられる場合でも、別のスタッフもそうとは限らない。

したがって、**自分が対応できるなら、むしろ自分でそのお客様の特徴を理解し、指名してもらった方がいい**と思います。

店全体のことを考え、仕事を円滑に進めることを目指すなら、自分が担当した方がいいのです。

一方、自分はどうしても苦手だけど、他のスタッフは対応できるというお客様もいると思います。その場合は他のスタッフに対応してもらいます。

自分だけがつらいわけではなく、職場は持ちつ持たれつなのです。

クセのある人が来ると、その瞬間はあなたが大変な思いをするかもしれません。しかし、きちんと対応することで、店が普段の状態に保たれます。

「職場がいい状態である」ことは、大きな視点で考えると、何よりも大切なことです。

そして、あなたはクセの強い人にも対応できる人として、周りからの評価も上がり、結果的にあなたの実力も上がるのです。

Point

クセの強い人は、対応できるならば自分のお客様になってもらう

10 前回のことを忘れてしまった時の上級テクニック

お客様がいらっしゃった時や、会話をしている時に、必要な情報が思い出せないことはありませんか？　お客様から以前聞いたことや、これまでの注文内容、気をつけないといけないことなど、忘れてはいけないのですが、人間なので忘れてしまう時もあります。

私は、思い出せない時には、すぐにお客様ノートを見るようにしていますが、お客様が目の前にいて接客している時に、それはできません。またノートを見ても、書いていないこともあります。

しかし、お客様はどんな些細なことでも、こちらが覚えていると嬉しいものです。それは、自分がサービスを受ける側でも同じです。ですので、素直に忘れましたと伝えるのは、できるだけ避けたい。

ここでは、**会話をしながら、なんとかして思い出す方法**をお伝えします。

それは、**「自分が知りたかった情報を引き出す会話をする」**ことです。

忘れてしまったことを悟られないように、まずは会話を続けます。それをしながら、自分が知りたかった情報を引き出しましょう。

方法としては、「似た話題を話し、本来聞きたい答えが得られるような会話につなげる」ようにします。

たとえば、お客様の仕事が何か忘れてしまった場合。

・普段仕事で、何に気をつけているか聞く
・お客様（先方）と、どんなことを話しているか聞く
・仕事でどんなことが楽しいか聞く

このような会話をしながら、お客様の仕事を思い出していきます。

質問する時にはくれぐれも、「思い出せない、どうしよう、と不安にならないこと」

「焦って当てにいかないこと」「すぐに知ろうとしないこと」に気をつけてください。

それでも思い出せない場合もあると思います。そういう時は、**王道で尋ねましょう**。

たとえば、お肉の焼き加減を忘れてしまった場合。

「〇〇様、今日のお肉の焼き加減は、ミディアムでよろしいですか？」と尋ねます。

ど忘れもありますが、**思い出せない理由として、特徴のない答えだったということが多いから**です。珍しい答えや、驚くような答えはなかなか忘れないもの。一般的な答えは、特徴がないだけに覚えづらいこともあります。

ですので、このようにステーキの焼き加減を忘れてしまった場合などは、一般的であるミディアムで尋ねます。

多くの人が選びやすい答えで聞くこと、焼き方の中間で聞くことがポイントです。ものによっては、王道と呼ばれるものがあると思います。その王道で、お客様に尋ねてみましょう。安全パイでいくのです。

また、この聞き方には、もう1つポイントがあります。それは、「今日の焼き加減は」という言葉をつけることです。

これは、受け取り方によっては、「いつもはこういう焼き方ですが、今日は、ミディアムでよろしいですか？」という意味にも取ることができます。

このように、忘れてしまったことでも、会話を使って知るすべがあります。

あなたにも、お客様の情報を忘れてしまうことがあると思います。そんな時はこの方法で、さも覚えているかのように話してみてください。

お客様のことを思い出したいと、努力をすることが大切なのです。

Point

前回のことを忘れてしまっても、会話を使って知るすべがある

11

あなたを思い出す時間が、あなたを好きになる時間

お客様にリピートをしてもらうには、何が必要だったか覚えていますか？

「お客様が、一度行った店をもう一度利用するには、そこを一度でも思い出してもらう必要がある」ということでしたね。

それでは、指名される為・選ばれる為にはどんなことをしてもらう必要があるでしょうか？

それは、**「あなたに会いたい」と思ってもらうこと**です。

日常で、ふとした瞬間に、あなたから受けたサービスを思い出す。それが、よかったり、楽しかったりすると、お客様にとってまた思い出したいことになります。

他では味わえないものであればあるほど、お客様は何度も思い出して、またあなたのサービスを受けたいと強く思うのです。

最初はふとした瞬間かもしれません。それが、リピートしてもらうことによってあなたとの思い出が増えれば、思い出す回数も増えるでしょう。すると、トータルで思い出してもらえる時間がどんどん増えます。日常の事あるごとに思い出してもらえたら、もうそれはあなたの立派なファンと言えます。

スターや芸能人、あなたと同じ仕事でテレビや雑誌に出ているような人たちには、ファンと呼ばれる人が大勢います。あなたも、あなたが提供するサービスを求めるファンを増やしていきましょう。

ファンになってもらうために、オススメの方法は２つあります。

１つ目は、あなたのサービスを受けていることを、お客様が自慢したくなるようにすることです。

たとえば、テイクアウトでドリンクを持って帰るお客様がいるとします。そのカップがすごくおしゃれだったら、それだけで誰かに自慢したくなります。一時、スターバックスのカップを持っていることがステータスであるかのように、インスタグラムにそのカップの写真を投稿する人がたくさんいたのは、これが理由です。

また、あなたがお客様に、家族や友だちに話したくなるほど好きになってもらえたら、もう最高です。

「最近行き始めたお店の、担当の人が超凄腕で、もう他の人にはお願いできないぐらいだよ」「あそこのサロンのスタッフさんの話がおもしろくて、すごくオススメだよ」。

これはそのまま口コミにもなります。何よりあなたの話が出ると、あなたのことを他の人が知るきっかけになるのです。

つい誰かに言いたくなるような、そんなサービスをあなたが提供できたなら、お客様はあなたのことを好きになってくれるでしょう。

さらに、店以外でも自分のことを思い出してもらうために、私がしていることを紹介します。

それは、お客様に「今日帰ったら、さっきお話ししたことをご家族に聞いてみてください」などと言って、お客様が思い出しやすいようにすることです。

これは特殊技ですので、もしあなたも使う場合には、自分が本当に知りたいことを聞いてくださいね。

２つ目は、**あなたにしかできないような強烈な思い出をお客様に残すこと**です。

それは、あなた独自の会話でも、サービスでも、何でもいいのです。他の人がマネできないようなことをお客様に提供します。お客様のことをよく知るあなただからできる独自のサービス、あなたが与えられるお客様へのサプライズ。

「記憶にずっと残るような思い出をお客様とつくる」。これができれば、そのサービスを受けたいと思った時、お客様は他の人ではもう満足できません。あなたを選んで来てくれるでしょう。

そのようなサービスができるように、これまで学んだことを全部使って、お客様に選ばれる人を目指していきましょう。

Point

選ばれる人になるためには、「あなたに会いたい」と思ってもらうこと

12

お客様の生活の一部に、自分のサービスがある

あなたの提供しているサービスが、お客様の生活の一部になると、リピートは必然的に起こります。そしてそれが、あなたにしか提供できないサービスになると、指名が生まれ、お客様はゆくゆくファンになります。

「お客様の生活の一部に自分のサービスを入れてもらうこと」が、指名される人・選ばれる人として、最高の理想だと私は考えています。

たとえば、仕事でランチを食べた後に、コーヒーを飲む習慣がある人がいるとします。そのコーヒーを、缶コーヒーやコンビニのコーヒーではなく、あなたの店で提供しているコーヒーにすることができるかどうかということです。

それができると、週に何度もそのお客様のリピートを生むことが可能になります。

しかし、それだけではあなたを指名することにはなりません。

お客様の中で、コーヒーを飲みたいと思う時に、商品やサービスが先に思い浮かんだ場合は、まだあなたが淹れるコーヒーでなくてもいい状態です。

しかし、「あなた」が淹れるコーヒーが思い浮かんだ場合は、それこそが、あなたにしか提供できないサービスが、生活の一部に取り入れてもらえた状態です。

あなたがカットする髪型、あなたが施術するマッサージ、あなたが教えるトレーニング、あなたがオススメする商品。

あなたからサービスを受けたい、あなたに会って話したいと思ってもらえることが、お客様から選んでもらうということです。

私の師匠の指名のお客様には、師匠の焼いたステーキしか食べないというご夫婦がいました。それも20年もの間ずっとそうしてきたというお話を、そのお客様から直接聞いたことがあります。

お客様がステーキを食べたいと思った時には、必ず師匠に会いにいらっしゃるのです。

このエピソードからは、お客様がどれだけ深く師匠のことを想い、信頼して通ってくださったかがわかります。そのようなお客様がいてくれることは、本当にサービスマン冥利に尽きます。

接客業に携わる人なら、これがどんなに難しく、すごいことかわかると思います。

私もそのようにお客様に愛され、必要とされるサービスマンになりたいと思っています。

私が知っているどの世界のＮｏ・１の人も、多くのお客様に愛されています。

あなたも、お客様に愛され、選ばれる人になってください。

「『会いたい』と思われるサービスマンになる」。私はこれからもずっとそれを目指していきます。

Point

お客様の生活の一部に、自分のサービスがある状態が最高の理想

おわりに

28歳で高級ホテルの鉄板焼シェフになることが決まり、それまでの生活とは一変しました。来る日も来る日も修行の毎日でした。わからないことは師匠をはじめ、先輩上司に自ら頼み、たくさん教えていただきました。年齢だけは、いきなり歳を取ることはできないので、技術では一番になろうと努力しました。

ですが、若い女性シェフという、まだ世間では珍しい存在だったこともあり、お客様からなかなか理解が得られませんでした。焼き手としてデビューし、数ヶ月間お客様の前に立ったものの、次第にお客様の前に立つのが怖くなりました。そのため、3年間は調理場に引きこもり、切り出し係という、肉を切ったり、お客様に提供する食材を準備したりする裏方の仕事に徹しました。それは、うまく店を回す為でもありましたが、自分の心の弱さゆえの選択でした。

そんな中、満席の際などには私も表に立ち、お客様を担当させていただく機会が訪れました。その時に担当させていただいたお客様の中に、私の接客を気に入ってくださる方がいました。

そこから少しずつ、私を選んでくれ、指名をしてくれるお客様ができました。それは、接客がよかったのか、他の何かがよかったのかはわかりません。それでも、経験の少ない私がお客様に何かをしたいという想いは、伝わっていたのだと思います。それは私が師匠から、一番最初に学んだことでした。

2020年8月、師匠の旅立ちは急でした。

我々の関係は、職場でのまさに父子でした。私は師匠に対し、親に対して持つような感情を持ち、意地を張ったり、素直になれないことも多々ありました。それでも師匠は私に、娘に接するかのように、愛情を持って接してくれました。私にプライベートで大きな問題が起きた時も、私が突然アメリカに行くと言った時も、何時間も真剣に話をしてくれました。

師匠が教えてくれたおかげで、私は強く逞しくなりました。

師匠から学んだことを、今度は私が伝える番です。そして教わったことを胸に、これからもお客様に喜んでいただけるような接客をずっと目指します。
深い愛情を注いで私を導いてくださった師匠、そして師匠の奥様、本当にありがとうございました。

最後になりますが、お世話になった方々にこの場を借りて御礼申しあげます。
本書を書くきっかけを与えてくださった松尾昭仁様、大沢治子様、執筆に協力してくださった菊﨑義史様、私の接客を伝える機会をくださった、ぱる出版の岩川実加様、私が担当させていただいたすべてのお客様、職場の上司やスタッフのみなさん、それに両親、家族。本当にありがとうございます。

そして誰よりも、本書を手に取ってくださったあなたに、心からの御礼を申しあげます。

2021年5月、師匠とたくさん修行をした鉄板焼の前にて

仲亀　彩

仲亀 彩（なかがめ・あや）

接客コンサルタント／高タンパク！夢のハンバーグオーナー／鉄板焼シェフ

接客業歴24年　接客したお客様は国内外合わせてのべ15万人　お客様リピート率80％

15歳から飲食店の接客のアルバイトをはじめ、独学で調理を学ぶ。都内数店舗で修行をし、28歳で外資系ホテルの鉄板焼シェフに抜擢。これまでに得た接客技術を使い、スターや政財界の著名人、エグゼクティブ、海外の王族を接客する。

2019年に独立。現在は鉄板焼シェフ業とともに、都内でハンバーグの店を複数経営。接客コンサルティング、セミナーを行う。著書に『お客様の心をつかむ　魔法のほめ言葉事典』（秀和システム）がある。

連絡先

ayanakagame@gmail.com

YouTube チャンネル　あやシェフ

https://youtube.com/channel/UCdp4GB8xto87_i67nnnrF1Q

リピート率《りつ》80％　心《こころ》をつかむ接客術《せっきゃくじゅつ》

2021年 8月 2日　初版発行

2023年10月23日　5刷発行

著者　仲亀　彩

発行者　和田智明

発行所　株式会社 ぱる出版

〒160-0011　東京都新宿区若葉1-9-16

03(3353)2835－代表　03(3353)2826－FAX

03(3353)3679－編集

振替　東京　00100-3-131586

印刷・製本　中央精版印刷(株)

ISBN978-4-8272-1293-8　C0030